| 중국어뱅크 |

이미경 지음

동양북스

초판 4쇄 | 2023년 3월 5일

지은이 | 이미경
발행인 | 김태웅
책임편집 | 신효정, 김수연
일러스트 | 권나영
디자인 | 남은혜, 신효선
마케팅 | 나재승
제　작 | 현대순

발행처 | (주)동양북스
주　소 | 제 2014-000055호
주　소 | 서울시 마포구 동교로22길 14 (04030)
전　화 | (02)337-1737
팩　스 | (02)334-6624

http://www.dongyangbooks.com

ISBN 979-11-5768-357-4 13720

ⓒ 이미경, 2018

▶ 본 책은 저작권법에 의해 보호를 받는 저작물이므로 무단 전재와 복제를 금합니다.
▶ 잘못된 책은 구입처에서 교환해드립니다.

이 도서의 국립중앙도서관 출판예정도서목록(CIP)은 서지정보유통지원시스템 홈페이지(http://seoji.nl.go.kr)와 국가자료공동목록시스템
(http://www.nl.go.kr/ kolisnet)에서 이용하실 수 있습니다.
(CIP제어번호:CIP2018004371)

책 머리에

지난 20세기 때 중국의 발전을 예측하며 '서해안의 시대가 열린다'는 말이 생기기 시작한지 채 50년이 되기도 전인 지금, 중국은 미국과 더불어 G2가 되었고, 중국은 G2에서 더 나아가 앞으로 글로벌 최고가 되기 위해 '일대일로(一帶一路)' 프로젝트를 진행 중입니다. 이러한 중국의 발전은 중국이 우리나라와 가까운 이웃이고 오랫동안 교류한 역사가 있기 때문에 우리나라에 긍정적 혹은 부정적인 영향을 미칠 가능성이 있다는 것을 의미합니다. 단순하게 생각하면 이웃을 알기 위해, 좀 더 크게 생각하면 국제 정세에 대한 이해를 높이기 위해 중국을 이해할 필요가 있습니다. 중국어 학습은 바로 그 목적을 달성하기 위한 매우 중요한 요소이자 수단입니다. '좋아요 중국어'는 처음으로 중국어를 학습하기 시작하는 한국인에게 특화된 책입니다. 이 책만이 가진 차별적인 특징으로 학습자 여러분의 중국어 실력 향상에 도움이 되기를 바랍니다.

좋아요 중국어 만의 특징

1. 한국인을 위한 중국어 책이다.
한국에서 태어나고 성장한 일반적인 한국인이라면 한국어로 사고할 가능성이 높다. 이 책은 한국어가 중심이 되어 이를 중국어로 표현하는 방법을 제시한다.

2. 한어병음을 유동적으로 제시함으로써 더욱 효과적인 한어병음 학습이 가능하다.
중국어 발음 표기법인 한어병음은 중국어 학습에 많은 도움을 주기도 하지만, 학습에 방해가 되기도 한다. 이 책은 단어에서는 한어병음을 표기하고, 회화 본문에서는 표기하지 않음으로써 학습자들이 한어병음을 완전히 익힐 수 있도록 한다.

3. 어려운 한자는 간체자와 번체자를 함께 제시한다.
현재 중국은 간체자를 사용하지만 한자를 알고 있는 한국인 학습자는 번체자가 익숙할 수 있다. 이 점을 고려해 복습과에서 간체자와 번체자의 차이가 많이 나는 한자, 혹은 오류가 생기기 쉬운 한자는 두 글자를 함께 제시한다.

4. 워크북을 두 권으로 제시한다.
학습자는 워크북으로 예습 혹은 복습을 할 수 있고, 그 과정에서 의사소통의 4대 영역을 모두 활용할 수 있다. 또 홀수과 짝수과 두 권으로 나누어 편집하였기 때문에 워크북을 교사가 검토해주는 경우, 충분한 시간을 갖고 검토할 수 있다.

5. 발음편을 책 뒤 부분에 제시한다.
의사소통 중심의 학습이라는 취지로 발음편을 마지막 과 뒤에 제시한다.

6. 매 과 마지막에 쉬운 단어로 이루어진 재미있는 표현을 제시한다.
중국인 학습자들이 일상생활에서 자주 사용하는 재미있는 표현을 초급 수준의 단어를 활용하여 제시함으로써 학습자의 중국어에 대한 흥미를 이끈다.

저자 이미경

차례

책 머리에 · 3
책의 구성과 활용 · 6
주인공 소개 · 8
중국어 알고가기 · 9

Lesson 01 我爱你。 ································ 10
나는 너를 사랑해.

Lesson 02 您贵姓? ································ 20
당신의 성은 무엇입니까?

Lesson 03 你去哪儿? ································ 30
너는 어디에 가니?

Lesson 04 最近怎么样? ································ 40
요즘 어때?

Lesson 05 你家有几口人? ································ 50
너희 식구는 몇 명이니?

복습 1 ································ 60

Lesson 06	八月三号是我的生日。 ········· 70
	8월 3일은 내 생일이야.

Lesson 07	我想问您几个问题。 ············· 80
	당신께 몇 가지 질문을 드리고 싶어요.

Lesson 08	超市在南边儿。 ···················· 90
	슈퍼마켓은 남쪽에 있어.

Lesson 09	你在做什么呢? ··················· 100
	너는 뭐하고 있니?

Lesson 10	多少钱一斤? ······················ 110
	한 근에 얼마예요?

복습 2	·· 120

발음편	·· 130

부록

본문 한어병음 · 152
본문 해석 · 155
정답과 스크립트 · 158
단어색인 · 162

책의 구성과 활용

 본책

학습 목표와 핵심 문형
해당 과에서 배울 내용을 제시하였습니다. 그림을 통해 어떤 내용이 나올지 유추할 수 있습니다.

Dialogue
각 주제와 관련된 중국인들의 일상 회화를 '회화1'에서는 대화문의 형태로, '회화2'에서는 짧은 글의 형태로 제시하였습니다. 본문을 듣고 따라 읽으며 스스로 체크할 수 있습니다.

Vocabulary
본문 회화에 나오는 새 단어를 제시하였습니다. 녹음을 들으며 정확한 발음을 학습할 수 있습니다.

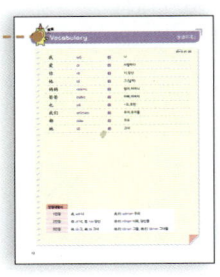

Grammar
본문 회화에 나오는 중요한 어법을 제시하였습니다. 설명과 대화 형식의 Tip으로 중국어의 구조를 이해할 수 있습니다.

Sentence Expansion
주요 문장을 확장 연습의 형식으로 제시하였습니다. 이 과의 핵심 문형을 확실히 다질 수 있습니다.

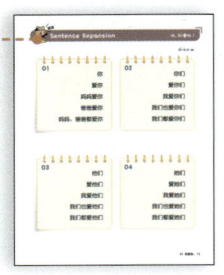
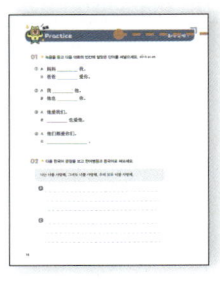

Practice
본문 회화에 대한 내용 이해를 확인할 수 있는 문제를 제시하였습니다. 듣고 써보며 본문 회화를 한 번 더 익힐 수 있습니다.

Plus Plus
중국어 기본 문형을 반복 연습할 수 있도록 하였습니다. 단어를 품사에 따라 알맞은 위치에 넣어 작문하는 연습을 하여 중국어의 어순을 익힐 수 있습니다.

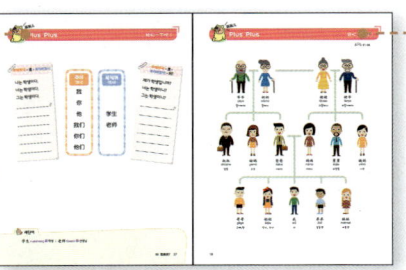

해당 과와 관련한 추가 어휘를 제시하였습니다.

재미있고 감동적인 글귀로 한 과를 정리합니다.

복습

앞의 다섯 개 과에서 배운 내용을 '핵심 문형 확인', '한자 쓰기 연습', '말하기 연습', '읽기 연습', '듣기 연습', '문장 쓰기 연습'으로 제시하였습니다.

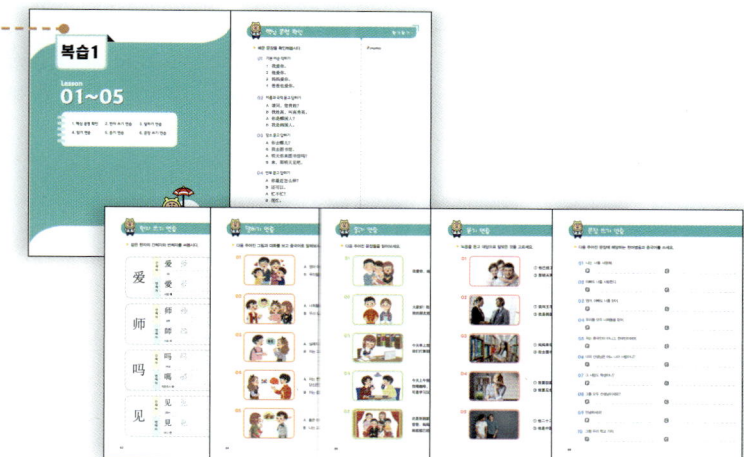

본 책에서 배운 내용을 '말하기', '쓰기', '읽기' '듣기' 총 네 부분으로 연습할 수 있게 제시하였습니다.

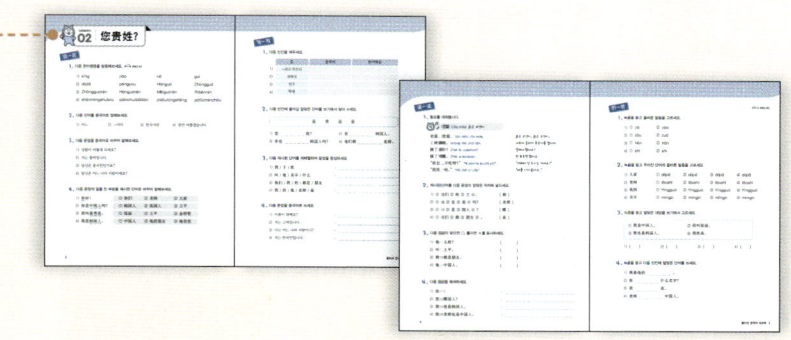

주인공 소개

高秀英
Gāo Xiùyīng
고수영

서울대학교 중문과 2학년.
베이징 대학에서 교환학생으로
공부 중인 상냥한 한국 여학생.

金明哲
Jīn Míngzhé
김명철

서울대학교 중문과 2학년.
베이징 대학에서 교환학생으로
공부 중인 똑똑한 한국 남학생.

王平
Wáng Píng
왕핑

베이징 대학교 2학년에 재학 중인
젠틀한 중국 남학생.

张丽
Zhāng Lì
장리

베이징 대학교 2학년에 재학 중인
발랄한 중국 여학생.

중국어 알고가기

중국어란

중국에서는 중국어를 '한족의 언어'라는 의미로 '한어(汉语, Chinese, Mandarin)'라고 하는데, 현재는 한족만이 쓴다는 의미보다는 많은 중국인이 사용하는 언어라는 의미가 더 크다. 한국인이 말하는 '중국어'라는 표현은 현재 중국에서 중국인이 사용하는 언어를 가리킬 때는 사용하지 않고, 한국인과 일본인이 주로 사용한다. 또 표준중국어는 '푸퉁화(普通话, 보통화)'라고 하는데 푸퉁화는 베이징(北京)의 소리 체계를 기본으로 하고, 북방방언(北方方言)을 기초로 하며, 모범적인 현대 백화문(白话文)으로 이루어진 작품을 문법의 규범으로 삼는 언어를 가리킨다. 보통화는 베이징의 소리 체계를 기본으로 하고 있지만 베이징 말과 동일한 것은 아니며, 보통화는 구어와 문언문의 차이가 있다. 타이완(台湾)에서는 표준중국어를 '국어(国语)'라고 하고, 싱가포르 등에서는 '화어(华语)'라고 부르기도 한다.

간체자

'간체자(简体字 혹은 简化字, Simplified Chinese character)'는 현대 중국어의 표준화된 표기 수단으로, 번체자(繁体字)와 상대되는 말이며 번체자의 획수를 줄여서 쓰기 편리하게 만든 글자를 가리킨다. 간체자는 1950년 이후 중국에서 쓰이기 시작한 간화자(简化字)로 구성되었다. 지금은 중국, 말레이시아, 싱가포르 및 동남아 일대의 화교들이 사용하고 있다. 중국 정부가 1956년 515자의 간화자를 발표한 후 현재는 모두 2,236자가 중국에서 사용되고 있다.

한어병음

'한어병음(汉语拼音, Chinese Phonetic Alphabets, Chinese Pinyin)'은 표준중국어인 푸퉁화의 소리를 표기한 것이다. 로마자 기호에 성조 기호를 더하여 표시하며, 영어의 소리를 그대로 반영하는 것은 아니다. 1958년 발표한 한어병음방안(汉语拼音方案)에 따라 중국어의 한자음을 표기하게 되었다.

Lesson 01

我爱你。

학습 목표
1. 중국어의 문장을 쉽게 말할 수 있어요.
2. 중국어의 문장을 쉽게 만들 수 있어요.

핵심 문형
▶ 我爱妈妈。　　　▶ 我爱爸爸。

Dialogue

可有意思啦！

효화 1 　MP3 01-01

我爱你。
他爱你。

妈妈爱你。
爸爸也爱你。

他爱我。
我们都爱你。

어! 내가 아는 중국어네. "워 아이 니."가 원래 이런 거였구나.

중국어에는 한국어의 '은/는, 이/가, 을/를'과 같은 조사가 없어요. '나(我)', '사랑하다(爱)', '너(你)'와 같은 단어가 모이면 바로 '나는 너를 사랑해'라는 의미가 되죠.

영어에서 I love you라고 하는 것과 같네요.

효화 2 　MP3 01-02

我爱你，她也爱你，我们都爱你。

Vocabulary

我	wǒ	대	나
爱	ài	동	사랑하다
你	nǐ	대	너, 당신
他	tā	대	그 (남자)
妈妈	māma	명	엄마, 어머니
爸爸	bàba	명	아빠, 아버지
也	yě	부	~도, 또한
我们	wǒmen	대	우리, 우리들
都	dōu	부	모두
她	tā	대	그녀

인칭대명사

1인칭	我 wǒ 나	我们 wǒmen 우리
2인칭	你 nǐ 너, 您 nín 당신	你们 nǐmen 너희, 당신들
3인칭	他 tā 그, 她 tā 그녀	他们 tāmen 그들, 她们 tāmen 그녀들

Grammar

太简单了!

01 我爱你。

나는 그를 사랑해.	→ 我爱他。
나는 엄마를 사랑해.	→ 我爱妈妈。
아빠는 나를 사랑해.	→ 爸爸爱我。
엄마는 나를 사랑해.	→ 妈妈爱我。

중국어는 형태의 변화가 없기 때문에 어순이 중요하다.
한국어 순서: 나는 너를 사랑해
중국어 순서: 我 爱 你

다른 문장도 이런 식으로 만들면 되겠네. 중국어 어순 정말 간단하다!

02 他爱你。

그는 너를 사랑해.	→ 他爱你。
나는 그를 사랑해.	→ 我爱他。
그들은 너를 사랑해.	→ 他们爱你。
우리는 너를 사랑해.	→ 我们爱你。

인칭대명사는 일반적으로 명사의 위치에 놓일 수 있다.

03 爸爸也爱你。

그도 너를 사랑해.	→ 他也爱你。
엄마도 너를 사랑해.	→ 妈妈也爱你。
우리도 너를 사랑해.	→ 我们也爱你。
그들도 너를 사랑해.	→ 他们也爱你。

중국어의 부사는 일반적으로 동사나 형용사 앞에 위치한다.

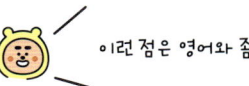

이런 점은 영어와 좀 다르구나.

Grammar

太简单了！

04　我们都爱你。

그들 모두 너를 사랑해.	➡	他们都爱你。
그녀들 모두 너를 사랑해.	➡	她们都爱你。
엄마들 모두 너희들을 사랑해.	➡	妈妈们都爱你们。
아빠들 모두 너희들을 사랑해.	➡	爸爸们都爱你们。

인칭대명사나 사람을 가리키는 명사 뒤에 们을 붙이면 복수형이 된다.

05　我们都爱你。

그들 모두 너를 사랑해.	➡	他们都爱你。
우리들 모두 너희들을 사랑해.	➡	我们都爱你们。
그들 모두 너희들을 사랑해.	➡	他们都爱你们。
엄마, 아빠 모두 너를 사랑해.	➡	妈妈、爸爸都爱你。

중국어의 부사는 일반적으로 동사나 형용사 앞에 위치하므로, 都도 역시 같은 위치에 놓인다.

也와 都가 함께 나올 때는 순서가 정해져 있어요. '우리들도 모두 너희들을 사랑해'라고 하려면 我们也都爱你们。라고 합니다.

14

Sentence Expansion

哦,我懂啦!

MP3 01-04

01

你

爱你

妈妈爱你

爸爸爱你

妈妈、爸爸都爱你

02

你们

爱你们

我爱你们

我们也爱你们

我们都爱你们

03

他们

爱他们

我爱他们

我们也爱他们

我们都爱他们

04

她们

爱她们

我爱她们

我们也爱她们

我们都爱她们

Practice

01 ▶ 녹음을 듣고 다음 대화의 빈칸에 알맞은 단어를 써넣으세요. 🎧 01-05

① A 妈妈 _____ 我。
   B 爸爸 _____ 爱你。

② A 我 _____ 他。
   B 他也 _____ 你。

③ A 他爱我们。
   B _____ 也爱他。

④ A 他们都爱你们。
   B _____ 。

02 ▶ 다음 한국어 문장을 보고 한어병음과 중국어로 써보세요.

> 나는 너를 사랑해. 그녀도 너를 사랑해. 우리 모두 너를 사랑해.

P
_____
_____
_____

C
_____
_____
_____

Plus Plus

주어(대명사, 명사) + 동사

내가 보다.
네가 보다.
그가 보다.

_____
_____
_____
_____
_____
_____

주어
(대명사, 명사)

我
你
他
她
他们

동사

看
相信

동사 + 목적어(대명사, 명사)

나를 보다.
너를 보다.
그를 보다.

_____
_____
_____
_____
_____
_____

看 kàn 동 보다 | 相信 xiāngxìn 동 믿다

Plus Plus

轻松一下吧！

爷爷 yéye 할아버지
奶奶 nǎinai 할머니
姥姥 lǎolao 외할머니
姥爷 lǎoye 외할아버지

叔叔 shūshu 삼촌
姑妈 gūmā 고모
爸爸 bàba 아버지
妈妈 māma 어머니
舅舅 jiùjiu 외삼촌
姨妈 yímā 이모

哥哥 gēge 오빠, 형
姐姐 jiějie 언니, 누나
我 wǒ 나
弟弟 dìdi 남동생
妹妹 mèimei 여동생

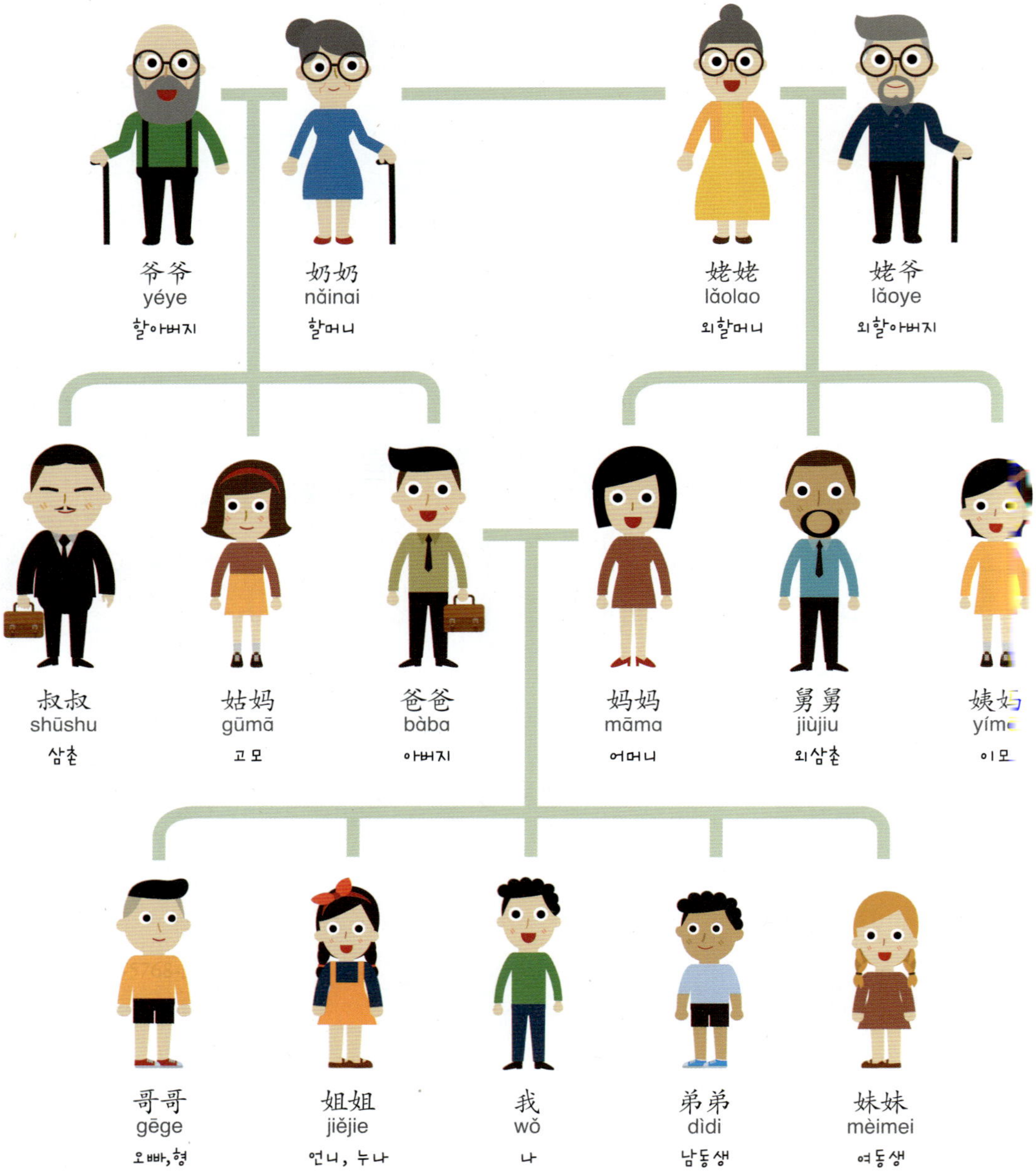

我爱你，因为是你！
Wǒ ài nǐ, yīnwèi shì nǐ!
난 널 사랑해, 너니까!

我相信你，因为是你！
Wǒ xiāngxìn nǐ, yīnwèi shì nǐ!
난 널 믿어, 너니까!

因为 yīnwèi 접 왜냐하면

Lesson 02

您贵姓？

학습 목표
1. 인사말을 나눌 수 있어요.
2. 이름과 국적을 묻고 대답할 수 있어요.

핵심 문형
▶ 你好！您贵姓？ ▶ 你好！我姓王，叫王平。

Dialogue

회화 1

王平　你好!

高秀英　你好!

王平　请问，您贵姓?

高秀英　我姓高，叫高秀英。你呢?

王平　我姓王，叫王平。你是韩国人吗?

高秀英　对，我是韩国人。你是哪国人?

王平　我是中国人。

3성의 성조 변화
3성이 연이어 나올 때, 앞의 3성은 2성으로 바뀐다.

예 Nǐ hǎo(你好) → Ní hǎo
　 Wǒ yě xǐhuan(我也喜欢)
　 → Wó yé xǐhuan

중국어 인사는 '니하오 마?' 아니에요?

你好吗?는 '잘 지내?'라는 뜻이어서 처음 만나는 사람에게는 쓰지 않아요.

회화 2

大家好! 我叫高秀英，我是韩国人。
我的朋友姓王，叫王平，他是中国人。

韩国人과 中国人의 음높이
빨리 발음하면 国와 人이 모두 경성처럼 발음된다.

예 Hánguórén(韩国人)
　 → Hánguoren
　 Zhōngguórén(中国人)
　 → Zhōngguoren

02 您贵姓?　21

Vocabulary

王平	Wáng Píng	고유	왕핑(인명)
好	hǎo	형	좋다
高秀英	Gāo Xiùyīng	고유	고수영(인명)
请问	qǐngwèn	동	잠깐 여쭙겠습니다
您	nín	대	당신 [2인칭 대명사 你의 존칭]
贵	guì	형	상대방과 관련된 것을 높이는 말, 귀하다, 비싸다
姓	xìng	동	성이 ~이다
叫	jiào	동	~라고 부르다, 이름이 ~이다
呢	ne	조	~는? [생략의문문을 만듦]
是	shì	동	~이다
韩国	Hánguó	고유	한국
人	rén	명	사람
吗	ma	조	문장 끝에서 의문문을 만듦
对	duì	형	맞다, 옳다
哪	nǎ	대	어느
中国	Zhōngguó	고유	중국
大家	dàjiā	대	모두, 다들
的	de	조	~의
朋友	péngyou	명	친구

朋友의 友는 경성이에요. 朋이 '친구'라는 뜻이니까 둘 다 강하게 말할 필요는 없겠죠?

Grammar

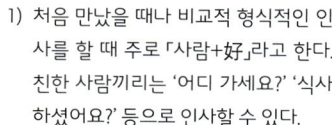

01 你好！

A: 안녕하세요! → 你好！
B: 안녕하세요! → 你好！

A,B: 안녕하세요! → 你好！
C: 안녕하세요! → 你们好！

1) 처음 만났을 때나 비교적 형식적인 인사를 할 때 주로 「사람+好」라고 한다. 친한 사람끼리는 '어디 가세요?' '식사 하셨어요?' 등으로 인사할 수 있다.

2) 3성의 성조 변화
3성이 연이어 나올 때 앞의 3성은 2성으로 바뀐다.
你好！ → 你好！

02 您贵姓？

A: 당신 성이 어떻게 되세요? → 您贵姓？
B: 저는 이씨입니다. → 我姓李。

A: 당신 이름이 어떻게 되세요? → 你叫什么名字？
B: 저는 왕핑입니다. → 我叫王平。

李 Lǐ [고유] 이씨[성] ｜ 什么 shénme [대] 무슨 ｜
名字 míngzi [명] 이름

상대방이 您贵姓이라고 물어도, 我贵姓 李라고 스스로를 높여 대답하지 않는다.

'너 이름이 뭐야?'라고 편하게 말할 수는 없나요?

그럴 때는 你叫什么?라고 말해요. 하지만 아무한테나 그렇게 말하면 안 되겠죠?

내 중국 이름도 찾아봐야지.

 # Grammar

03 你呢?

A: 너 나를 믿니? → 你相信我吗?
B: 나는 너를 믿어, 너는? → 我相信你，你呢?

A: 그는 어느 나라 사람이야? → 他是哪国人?
B: 그는 중국인이야, 너의 친구는? → 他是中国人，你的朋友呢?

> 명사 뒤에 呢를 더하면 생략의문문으로 '~는?'의 의미가 된다.
> 예) 친구는? 朋友呢?
>   한국 사람은? 韩国人呢?

~呢?는 한국어와 의미가 똑같구나.

04 你是韩国人吗?

너는 왕핑이니? → 你是王平吗?
너는 중국인이니? → 你是中国人吗?
너는 영국인이니? → 你是英国人吗?
너는 그의 친구이니? → 你是他的朋友吗?

英国 Yīngguó 고유 영국

> A是B는 'A는 B이다'라는 서술문이다.
> A是B吗? 는 'A는 B이니?'라는 의문문이다.

중국어와 한국어가 비슷하네. 질문을 할 때 '~까?'라고 하는 것처럼 '~吗?'라고 하면 되는구나.

05 你是哪国人?

A: 너는 어느 나라 사람이니? → 你是哪国人?
B: 나는 한국인이야. → 我是韩国人。

A: 너희들은 어느 나라 사람이니? → 你们是哪国人?
B: 우리는 중국인이야. → 我们是中国人。

> 哪는 의문대명사로 '어느'의 의미인데 주로 양사나 수량사 앞에 쓰인다

哪国人은 '어느 나라 사람'이니까 한국어와 어순이 똑같네. 발음과 한자만 공부하면 되겠어.

Sentence Expansion

哦，我懂啦！

MP3 02-04

01
韩国人
是韩国人
他是韩国人
他们是韩国人
他们都是韩国人

02
中国人
是中国人吗
你是中国人吗
你们是中国人吗
你们都是中国人吗

03
朋友
是朋友
他是朋友
他们是朋友
他们都是朋友

04
你的朋友
是你的朋友吗
他是你的朋友吗
他们是你的朋友吗
他们都是你的朋友吗

Practice

01 ▶ 녹음을 듣고 다음 대화의 빈칸에 알맞은 단어를 써넣으세요. 🎵 02-05

① A 您贵_____？
B 我_____王。

② A 你是_____吗?
B 我是_____。

③ A 你是_____国人?
B 我是_____。

④ A 我_____高秀英，你呢？
B 我_____王平。

02 ▶ 다음 한국어 문장을 보고 한어병음과 중국어로 써보세요.

> 여러분 안녕하세요! 저는 고수영이라고 하고, 한국인입니다. 저의 친구는 왕씨이고, 왕핑이라고 하며, 그는 중국인입니다.

P _____

C _____

Plus Plus

轻松一下吧！

주어(명사) + 是 + 목적어(명사)

나는 학생이다.
너는 학생이다.
그는 학생이다.

_____
_____
_____
_____
_____
_____
_____
_____

주어(명사)	목적어(명사)
我	
你	
他	学生
我们	老师
你们	
他们	

주어(명사) + 是 + 목적어(명사) + 吗?

제가 학생입니까?
너는 학생이니?
그는 학생이니?

_____
_____
_____
_____
_____
_____
_____
_____

 새단어

学生 xuésheng 명 학생 | 老师 lǎoshī 명 선생님

Plus Plus

轻松一下吧！

MP3 02-06

韩国 Hánguó
한국

中国 Zhōngguó
중국

英国 Yīngguó
영국

法国 Fǎguó
프랑스

美国 Měiguó
미국

荷兰 Hélán
네덜란드

德国 Déguó
독일

巴西 Bāxī
브라질

日本 Rìběn
일본

意大利 Yìdàlì
이탈리아

俄国 Éguó
러시아

墨西哥 Mòxīgē
멕시코

澳大利亚 Àodàlìyà
오스트레일리아

西班牙 Xībānyá
스페인

葡萄牙 Pútáoyá
포르투갈

菲律宾 Fēilǜbīn
필리핀

是你，是你，还是你！
Shì nǐ, shì nǐ, háishi nǐ!
너야, 너야, 여전히 너야!

是你，是你，梦见的就是你！
Shì nǐ, shì nǐ, mèngjiàn de jiùshì nǐ!
너야, 너야, 꿈속에서 본 사람이 바로 너야!

Lesson 03

你去哪儿？

학습 목표
1. 장소를 말할 수 있어요.
2. 부정 표현을 말할 수 있어요.

핵심 문형 ▶ 早上好!   ▶ 我去图书馆。

Dialogue

可有意思啦！

회화 1

MP3 03-01

张丽　　明哲，早上好！

金明哲　早上好！你去哪儿？

张丽　　我去图书馆。你也去图书馆吗？

金明哲　我不去图书馆，我去教室。

张丽　　是吗？明天你来图书馆吗？

金明哲　来。

张丽　　那明天见吧。

金明哲　好，再见！

不는 원래 4성이 아닌가요?

이것을 不의 성조 변화라고 해요. 不는 원래 bù이지만, 뒤에 4성이 올 경우 bú로 발음해요. 예를 볼까요?
不去 bù qù → bú qù
不是 bù shì → bú shì
不看 bù kàn → bú kàn

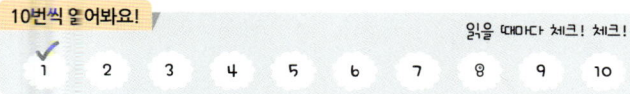

회화 2

MP3 03-02

今天早上我去教室，张丽去图书馆。我们打算明天再见。

Vocabulary

张丽	Zhāng Lì	고유	장리(인명)
金明哲	Jīn Míngzhé	고유	김명철(인명)
早上	zǎoshang	명	아침
去	qù	동	가다
哪儿	nǎr	대	어디
图书馆	túshūguǎn	명	도서관
不	bù	부	~이 아니다, ~하지 않다
教室	jiàoshì	명	교실
明天	míngtiān	명	내일
来	lái	동	오다
那	nà	접	그렇다면
见	jiàn	동	만나다, 보다
吧	ba	조	~하자[청유를 나타냄]
再	zài	부	다시
今天	jīntiān	명	오늘
打算	dǎsuàn	동	~할 작정이다, ~할 계획이다

시간대를 나타내는 단어

	早上 zǎoshang 아침	
上午 shàngwǔ 오전	中午 zhōngwǔ 정오	下午 xiàwǔ 오후
	晚上 wǎnshang 저녁	

Grammar

太简单了!

01 早上好!

A: 안녕! → 你好!
B: 좋은 아침! → 早上好!

A: 좋은 아침! → 早上好!
B: 좋은 아침! → 早上好!

「시간대를 나타내는 명사+好」는 그 시간대에 하는 인사가 된다.
예) 오전인사: 上午好
    점심인사: 中午好
    오후인사: 下午好
    저녁인사: 晚上好

02 你去哪儿?

A: 너 어디 가? → 你去哪儿?
B: 나 도서관 가. → 我去图书馆。

A: 아빠는 어디 가세요? → 爸爸去哪儿?
B: 아빠는 집에 돌아가셔. → 爸爸回家。

回家 huíjiā 동 집으로 돌아가다

1) 「주어+동사+哪儿?」은 '어디에 ~합니까?'라는 의미이다. 중국어는 질문과 대답을 할 때 어순이 바뀌지 않으므로 의문사 '哪儿'의 위치에 장소 명사를 넣어주면 대답이 된다.

2) 나의 집으로 돌아갈 때는 回家를, 남의 집에 갈 때는 去家를 쓴다.
예) 我们去老师的家。

03 我不去图书馆。

엄마는 학교에 가지 않는다. → 妈妈不去学校。
그들은 교실에 가지 않는다. → 他们不去教室。
그녀는 도서관에 오지 않는다. → 她不来图书馆。
그 사람은 중국인이 아니다. → 他不是中国人。

学校 xuéxiào 명 학교

중국어의 부사는 일반적으로 동사나 형용사 앞에 위치하는데 부정부사인 不도 이와 같다.

Grammar

04 那明天见吧。

그럼 다시 오자. → 那再来吧。
그럼 선생님을 뵙자. → 那去见老师吧。
그럼 우리 책을 보자. → 那我们看书吧。
그럼 우리 학교에 가자. → 那我们去学校吧。

书 shū 명 책

吧는 어기조사로 문장 끝에 쓰여 청유나 명령을 나타낸다.

그럼 '우리 노래 부르자.'이라고 할 때도 문장 끝에는 吧가 있겠네요.

그렇죠. 我们唱歌儿吧。 라고 해요.

唱歌儿 chànggēr 동 노래를 부르다

05 我们打算明天再见。

그들은 다시 올 작정이다. → 他们打算再来。
엄마는 선생님을 뵐 작정이다. → 妈妈打算见老师。
아빠는 중국에 갈 계획이다. → 爸爸打算去中国。
우리는 집으로 갈 계획이다. → 我们打算回家。

打算은 '~할 작정이다'라는 크미로 뒤에 절이 온다.

그러면 打算 뒤에 또 다른 동사가 올 수 있다는 말씀이네요?

네. 그래서 我们打算明天再见。 에서 打算은 전체 문장의 동사이고, 见은 뒤에 있는 절의 동사입니다.

Sentence Expansion

哦，我懂啦！

MP3 03-04

01
哪儿
去哪儿
你们去哪儿
你们明天去哪儿
你们打算明天去哪儿

02
来吗
你们来吗
你们都来吗
明天你们都来吗
明天你们都不来吗

Tip 明天과 같이 시간을 나타내는 명사는 주어의 앞과 뒤에 모두 올 수 있다.

03
中国
去中国
我们去中国
我们不去中国
我们都不去中国

04
家
回家
打算回家
我们打算回家
我们打算明天回家

Tip 不来bù lái는 来가 2성이므로 不가 원래의 4성을 유지하고, 不去bú qù는 去가 4성이므로 不가 2성으로 변화한다.

Practice

01 ▶ 녹음을 듣고 다음 대화의 빈칸에 알맞은 단어를 써넣으세요. 🎧 03-05

① A 你去 _____ ?
  B 我去 _____ 。

② A 你去教室吗?
  B 我 _____ 去教室。

③ A 明天他们 _____ 吗?
  B 明天他们不 _____ 。

④ A 你 _____ 去哪儿?
  B 我 _____ 去韩国。

02 ▶ 다음 한국어 문장을 보고 한어병음과 중국어로 써보세요.

> 오늘 아침 나는 교실에 갔고, 장리는 도서관에 갔다. 우리는 내일 다시 만날 계획이다.

P

C

Plus Plus

轻松一下吧!

我 + 동사

내가 오다.
내가 가다.
내가 보다.

동사

来
去
看
学
爱
听
吃
喝

我 + 동사 + 吗?

너 오니?
너 가니?
너 보니?

我 + 不 + 동사

나는 안 와.
나는 안 가.
나는 안 봐.

我 + 不 + 동사 + 吗?

너는 안 오니?
너는 안 가니?
너는 안 보니?

 새단어

学 xué 동 배우다 | 听 tīng 동 듣다 | 吃 chī 동 먹다 | 喝 hē 동 마시다

Plus Plus

轻松一下吧！

MP3 C3-06

火车站 huǒchēzhàn
기차역

机场 jīchǎng
공항

餐厅 cāntīng
식당

咖啡厅 kāfēitīng
카페

银行 yínháng
은행

公交站 gōngjiāozhàn
버스정류장

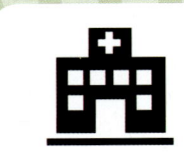
医院 yīyuàn
병원

消防局 xiāofángjú
소방서

动物园 dòngwùyuán
동물원

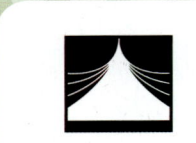
电影院 diànyǐngyuàn
영화관

商店 shāngdiàn
상점

药店 yàodiàn
약국

邮局 yóujú
우체국

酒店 jiǔdiàn
호텔

博物馆 bówùguǎn
박물관

派出所 pàichūsuǒ
경찰서

你去哪儿，我就去哪儿。
Nǐ qù nǎr, wǒ jiù qù nǎr.
네가 가는 곳이면 어디든지 나도 갈 거야.

你在这儿，我能去哪儿?
Nǐ zài zhèr, wǒ néng qù nǎr?
네가 여기 있는데 내가 어디를 갈 수 있겠어?

Lesson 04

最近怎么样?

학습 목표
1. 긍정부정 의문문을 말할 수 있어요.
2. 조동사 要를 활용할 수 있어요.

핵심 문형
▶ 你最近怎么样?   ▶ 还可以。

Dialogue

可有意思啦！

회화 1　　　MP3 04-01

金明老　你好，王平！你最近怎么样？

王平　　还可以。你呢？最近忙不忙？

金明老　很忙。我最近学习汉语。

王平　　汉语有意思吗？

金明老　非常有意思。

王平　　你要喝什么？

金明老　来杯咖啡吧。

王平　　好的。

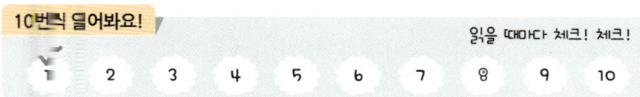

회화 2　　　MP3 04-02

今天上午我和王平去了咖啡厅。我喝咖啡，他也喝咖啡。最近我很忙，可是学习汉语非常有意思。

Vocabulary

最近	zuìjìn	명	최근, 요즈음
怎么样	zěnmeyàng	대	어떠하다
还	hái	부	그런대로, 그럭저럭
可以	kěyǐ	형	괜찮다, 나쁘지 않다
很	hěn	부	매우
忙	máng	형	바쁘다
学习	xuéxí	동	공부하다
汉语	Hànyǔ	명	중국어
有意思	yǒu yìsi	형	재미있다
非常	fēicháng	부	매우, 대단히
要	yào	조동	~하려고 하다, ~할 것이다
杯	bēi	양	잔
咖啡	kāfēi	명	커피
的	de	조	평서문 끝에서 긍정의 뉘앙스를 가짐
上午	shàngwǔ	명	오전
和	hé	접	~와/과
了	le	조	동사나 형용사 뒤에 쓰여 동작 또는 변화가 이기 완료되었음을 나타냄
咖啡厅	kāfēitīng	명	커피숍
可是	kěshì	접	그러나

Grammar

太简单了!

01　你最近怎么样?

아빠 요즘 어떠세요?　　→　爸爸最近怎么样?
중국어 공부하는 것은 어때?　→　学习汉语怎么样?
네 친구 어때?　　　　→　你朋友怎么样?
학교는 어때?　　　　→　学校怎么样?

怎么样은 '어떻다', '어떠하다'라는 의미의 의문대명사로 상대의 의견을 물을 때 사용한다.

그럼 다른 문장도 이런 식으로 만들면 되겠다!

02　还可以。

A: 너 요즘 어때?　　　→　你最近怎么样?
B: 그럭저럭 지내.　　→　还可以。

A: 너 공부는 어때?　　→　你学习怎么样?
B: 그럭저럭 괜찮아.　　→　还可以。

可以는 '괜찮다', '나쁘지 않다'라는 의미로 이런 경우에는 항상 还와 함께 출현한다.

잘 지내면 很好。잘 못 지내면 不太好。라고 할 수 있어요.

03　最近忙不忙?

좋아 안 좋아?　　　　→　好不好?
너 피곤해 안 피곤해?　→　你累不累?
너 가 안 가?　　　　→　你去不去?
그는 마셔 안 마셔?　　→　他喝不喝?

긍정부정의문문은 형용사 혹은 동사의 긍정형과 부정형을 연이어 사용하여 만든다. 이때는 의문조사 吗를 붙이지 않는다.

累 lèi 형 피곤하다

Grammar

太简单了!

04 你**要**喝什么?

나는 물을 마시려고 해.   ▶ 我要喝水。
그녀는 밥을 먹으려고 해.   ▶ 她要吃饭。
우리는 집으로 돌아가려고 해. ▶ 我们要回家。
그들은 책을 보려고 해.   ▶ 他们要看书。

水 shuǐ 명 물 | 饭 fàn 명 밥

要는 조동사와 동사의 용법이 모두 있다. 조동사일 경우 '~을 하려고 한다', '~을 해야만 한다'라는 뜻이고, 동사일 경우 '필요로 하다'의 의미이다.
조동사로 쓰일 때는 뒤에 동사가 함께 출현한다.

05 你要喝**什么**?

너희들 뭐 보니?   ▶ 你们看什么?
우리 뭐 먹어?   ▶ 我们吃什么?
엄마 뭐 공부하세요? ▶ 妈妈学习什么?
네 친구가 뭐라고 말했어? ▶ 你的朋友说什么?

说 shuō 동 말하다

什么는 '무엇', '무슨'에 해당하는 말로, 단독으로 올 수도 있고, 뒤에 명사를 수식할 수도 있다.
예) 你要看什么书?

이전 과에서는 의문대명사 哪儿을 배웠고 이번 과에서는 의문대명사 什么를 배웠다.

Sentence Expansion

01
怎么样
汉语怎么样
你的汉语怎么样
最近你的汉语怎么样

02
可以
还可以
我的汉语还可以
最近我的汉语还可以

03
忙
很忙
不忙
忙吗
不忙吗

04
什么
喝什么
要喝什么
你要喝什么
今天你要喝什么

Practice

01 ▶ 녹음을 듣고 다음 대화의 빈칸에 알맞은 단어를 써넣으세요. 🎧 04-05

① A 王平，你 _____ 怎么样?
　B _____ 可以。

② A 你最近 _____ ?
　B 很忙。

③ A 汉语 _____ 吗?
　B 非常 _____ 。

④ A 你 _____ 喝什么?
　B 来 _____ 咖啡吧。

02 ▶ 다음 한국어 문장을 보고 한어병음과 중국어로 써보세요.

> 오늘 오전 나는 왕핑과 카페에 갔다. 나는 커피를 마시고, 그도 커피를 마셨다. 요즘 나는 바쁘지만 중국어 공부하는 것이 정말 재미있다.

P _____

C _____

玩玩儿

Plus Plus

轻松一下吧！

동사 + 什么?

뭐 보니?
뭐 먹니?
뭐 배우니?

_____
_____
_____
_____

동사	명사
看 吃 学 喝 听 买 说	书 菜 汉字 酒 音乐 茶 话

동사 + 什么 + 명사?

무슨 책 보니?
무슨 음식 먹니?
무슨 한자 배우니?

_____
_____
_____
_____

동사 + 不 + 동사?

보니 안 보니?
먹니 안 먹니?
배우니 안 배우니?

_____
_____
_____
_____

동사	형용사
看 吃 学 喝 听 买 说 来 去	忙 累 好 大 多 胖 贵 远 好看

형용사 + 不 + 형용사?

바쁘니 안 바쁘니?
피곤하니 안 피곤하니?
좋니 안 좋니?

_____
_____
_____
_____

 새단어

买 mǎi 동 사다 | 菜 cài 명 요리 | 汉字 hànzì 명 한자 | 酒 jiǔ 명 술 | 音乐 yīnyuè 명 음악 | 茶 chá 명 차 | 话 huà 명 말, 이야기 | 大 dà 형 크다, 많다 | 多 duō 형 많다 | 胖 pàng 형 뚱뚱하다 | 远 yuǎn 형 멀다 | 好看 hǎokàn 형 예쁘다

Plus Plus

轻松一下吧!

Drinks

- 美式咖啡 ········· 아메리카노
  měishì kāfēi
- 美式冰咖啡 ····· 아이스 아메리카노
  měishì bīng kāfēi
- 浓缩咖啡 ········· 에스프레소
  nóngsuō kāfēi
- 拿铁咖啡 ········· 카페라테
  nátiě kāfēi
- 卡布奇诺 ········· 카푸치노
  kǎbùqínuò
- 摩卡咖啡 ········· 카페모카
  mókǎ kāfēi
- 果汁 ··············· 과일주스
  guǒzhī
- 鲜榨果汁 ········· 생과일주스
  xiānzhà guǒzhī
- 汽水 ··············· 사이다
  qìshuǐ
- 可乐 ··············· 콜라
  kělè

Drinks

- 牛奶 ··············· 우유
  niúnǎi
- 酸奶 ··············· 요거트
  suānnǎi
- 奶茶 ··············· 밀크티
  nǎichá
- 珍珠奶茶 ········· 버블티
  zhēnzhū nǎichá
- 绿茶 ··············· 녹차
  lǜchá
- 红茶 ··············· 홍차
  hóngchá
- 冰沙 ··············· 빙수
  bīngshā
- 红豆冰沙 ········· 팥빙수
  hóngdòu bīngshā
- 啤酒 ··············· 맥주
  píjiǔ
- 扎啤 ··············· 생맥주
  zhāpí

"你忙不忙?"
"Nǐ máng bu máng?"
"너 바쁘니?"

"很忙。"
"Hěn máng."
"바빠."

"忙什么?"
"Máng shénme?"
"무슨 일 때문에 바빠?"

"忙着想你。"
"Mángzhe xiǎng nǐ."
"네 생각하느라 바빠."

Lesson 05

你家有几口人？

학습 목표
1. 가족 구성에 대해 묻고 대답할 수 있어요.
2. 나이를 묻고 대답할 수 있어요.

핵심 문형
▶ 你家有几口人？   ▶ 我家有三口人。

Dialogue

可有意思啦！

회화 1　　　MP3 05-01

高秀英　张丽，那是什么？

张丽　　那是我家的全家福。

高秀英　是吗？我看看，你家有五口人啊！这是谁？

张丽　　这是我姐姐。

高秀英　她是大学生吧？

张丽　　不是，她已经工作了。

高秀英　这是你弟弟吧？他多大了？

张丽　　十一岁了。

친구네 가족사진을 보면서 이야기하고 있구나.

你家有五口人啊처럼 앞 음절의 마지막 음이 ㄱ일 때 어기조사 '啊'는 'nga'로 발음됩니다. '哪'로 바로 써도 되지요.

'나의 언니(우리 언니)'라고 할 때는 '~의'라는 뜻의 조사를 넣어 我的姐姐라고 하는 것 아닌가요?

중심어가 수식어의 가족이거나 집, 소속 기관일 때는 생략이 가능하답니다.

회화 2　　　MP3 05-02

这是张丽家的全家福，她家有五口人。爸爸、妈妈、姐姐、弟弟和她。她姐姐已经工作了，她弟弟十一岁了。

Vocabulary

那	nà	대	그, 저
家	jiā	명	집
全家福	quánjiāfú	명	가족사진
有	yǒu	동	(~을 가지고) 있다
五	wǔ	수	5, 다섯
口	kǒu	양	사람[식구를 세는 단위]
这	zhè	대	이, 이것
啊	a	조	문장 끝에 쓰여 감탄, 강조 긍정 등의 말투를 나타냄
谁	shéi	대	누구
姐姐	jiějie	명	언니, 누나
大学生	dàxuéshēng	명	대학생
吧	ba	조	의문문의 끝에서 짐작, 추측 등의 말투를 나타냄
已经	yǐjīng	부	이미
工作	gōngzuò	동/명	일하다 / 일
了	le	조	문장 끝에서 변화나 새로운 상황의 출현을 나타냄
弟弟	dìdi	명	남동생
多	duō	부	얼마나
岁	suì	명	살, 세[연령을 세는 단위]

중국어의 수

零	一	二	三	四	五	六	七	八	九	十	百	千	万
líng	yī	èr	sān	sì	wǔ	liù	qī	bā	jiǔ	shí	bǎi	qiān	wàn
0	1	2	3	4	5	6	7	8	9	10	100	1000	10000

Grammar

太简单了!

01 你家有五口人啊!

A: 너희 집은 몇 식구니?
➡ 你家有几口人?

B: 우리 집은 세 식구야. 아빠, 엄마 그리고 나. 너는?
➡ 我家有三口人，爸爸、妈妈和我。你呢?

A: 우리 집은 네 식구야. 아빠, 엄마, 형 그리고 나야.
➡ 我家有四口人，爸爸、妈妈、哥哥和我。

B: 너 형 있니? 정말 부럽다.
➡ 你有哥哥吗? 真羡慕你。

几 jǐ 때 몇 | 哥哥 gēge 명 형, 오빠 |
真 zhēn 부 정말 | 羡慕 xiànmù 동 부러워하다

五口人은「수사+양사+명사」구조이다. 양사는 한국어 의존명사인 '말, 되, 자, 치, 권, 장' 등을 가리킨다.
예 一本书 책 한 권
他有一本书。그는 책 한 권이 있다.

'부러워하다'의 한자 독음이 '흠모'네. 한국 한자의 의미와 중국어 의미가 많이 다르네.

Tip

수사 양사	一	二	三	四	五
명	一口	两口	三口	四口	五口
개	一个	两个	三个	四个	五个
권	一本	两本	三本	四本	五本
잔	一杯	两杯	三杯	四杯	五杯

两 liǎng 수 둘, 2 | 个 gè 양 개 | 本 běn 양 권

양사가 있을 때 앞에 2가 오면, 二이라고 하지 않고 两이라고 해야합니다.

그렇군요. 반드시 주의해야겠네요.

02 这是谁?

그는 누구니? ➡ 他是谁?

너의 중국어 선생님은 누구니? ➡ 你的汉语老师是谁?

누가 너의 중국어 선생님이시니? ➡ 谁是你的汉语老师?

누가 너의 아버지, 어머니시니? ➡ 谁是你的爸爸、妈妈?

谁는 사람을 가리키는 의문대명사로 일반적으로 명사가 놓일 수 있는 주어나 목적어 자리에 위치할 수 있다.

Grammar

03 她是大学生吧?

그녀는 네 누나지?	她是你姐姐吧?
이것은 너의 책이지?	这是你的书吧?
저것은 가족사진이지?	那是全家福吧?
이것은 커피지?	这是咖啡吧?

吧는 추측, 청유, 명령 등 다양한 뜻을 표현할 수 있다.

她是你姐姐吧?의 吧는 她是你姐姐吗?의 吗와 어떻게 다른가요?

吧와 吗는 모두 문장 끝에 쓸 수 있지만, 吧는 추측의 의미를 나타내기 때문에 짐작하고 물어보는 것이고 吗는 전혀 모르는 상황에서 물어보는 거예요.

04 她已经工作了。

이미 봤어.	已经看了。
이미 말했어.	已经说了。
나 이미 그 사람을 만났어.	我已经见到他了。
그들은 이미 중국으로 갔어.	他们已经去中国了。

「已经……了」는 하나의 구문으로 '이미 ~했다'라는 의미이다.

05 他多大了?

A: 올해 몇 살이세요?	你今年多大了?
B: 저는 올해 21살이에요.	我今年21岁了。
A: 그녀는 몇 살이야?	她多大了?
B: 그녀는 23살이야.	她23岁了。

今年 jīnnián 명 올해

多大了?는 나이를 묻는 표현으로 대답은 「숫자+岁(了)」이다.

한국어는 나이가 많고 적다고 말하는데 중국어는 大를 쓰는 것이 재밌네요.

맞아요. 중국어에서 大는 '(양이) 많다'라는 뜻도 있어요. 그래서 '눈이 많이 내린다'는 표현도 下大雪라고 말해요.

雪 xuě 명 눈

Sentence Expansion

哦，我懂啦！

MP3 05-04

01
人
几口人
有几口人
你家有几口人
你家有几口人啊

02
人
五口人
有五口人
我家有五口人
我家有五口人啊

03
大学生
是大学生
他是大学生
他是大学生吧
他已经是大学生了吧

04
工作
已经工作
已经工作了
他已经工作了
他已经工作了吧

TIP 他已经是大学生了吧? 와 같이 문장 끝에 두 개의 조사가 올 수도 있다.

Practice

01 ▶ 녹음을 듣고 다음 대화의 빈칸에 알맞은 단어를 써넣으세요. 🎧 05-05

① A 你家有几 _____ 人?
　B 我家有三 _____ 人。

② A 你家都有什么人?
　B 爸爸、妈妈、哥哥 _____ 我。

③ A 你弟弟八岁了吧?
　B 他 _____ 十一岁了。

④ A 她是大学生吧?
　B 不是，她 _____ 工作了。

02 ▶ 다음 한국어 문장을 보고 한어병음과 중국어로 써보세요.

> 이것은 장리네 가족사진이다. 그녀의 집은 다섯 식구가 있다. 아빠, 엄마, 언니, 남동생 그리고 그녀이다. 그녀의 언니는 이미 일하고, 그녀의 남동생은 열 한 살이다.

P _____

_____

_____

C _____

_____

_____

Plus Plus

玩玩儿

轻松一下吧！

我 + 동사 + 목적어(명사)

나는 책을 본다.
나는 밥을 먹는다.

___
___
___

동사 + 목적어(명사)

看书
吃饭
喝水
听话
去中国
学汉语

你 + 동사 + 목적어(명사) + 吗?

너는 책을 보니?
너는 밥을 먹니?

___
___
___

你 + 有 + 목적어(명사) + 吗?

너는 책이 있니?
너는 돈이 있니?
너는 커피가 있니?

___
___
___
___

목적어 (명사)

书
钱
咖啡
弟弟
哥哥
姐姐
全家福
这本书

我 + 没有 + 목적어(명사)

나는 책이 없어.
나는 돈이 없어.
나는 커피가 없어.

___
___
___
___

새단어

钱 qián 명 돈 | 没有 méiyǒu 동 없다, 가지고 있지 않다

05 你家有几口人?

Plus Plus

轻松一下吧！

 05-06

老师 lǎoshī
선생님

警察 jǐngchá
경찰

消防员 xiāofángyuán
소방관

播音员 bōyīnyuán
아나운서

歌手 gēshǒu
가수

公司职员 gōngsī zhíyuán
회사원

模特儿 mótèr
모델

军人 jūnrén
군인

画家 huàjiā
화가

厨师 chúshī
요리사

医生 yīshēng
의사

护士 hùshi
간호사

空姐 kōngjiě
스튜어디스

建筑师 jiànzhùshī
건축가

农夫 nóngfū
농부

兽医 shòuyī
수의사

即使你已经不爱我了，
Jíshǐ nǐ yǐjīng bú ài wǒ le,
설령 네가 이미 나를 사랑하지 않게 되었고,

即使你已经忘记我了，
Jíshǐ nǐ yǐjīng wàngjì wǒ le,
설령 네가 이미 나를 잊어버렸더라도,

我依然爱着你。
wǒ yīrán àizhe nǐ.
나는 여전히 너를 사랑해.

복습1

Lesson 01~05

1. 핵심 문형 확인
2. 한자 쓰기 연습
3. 말하기 연습
4. 읽기 연습
5. 듣기 연습
6. 문장 쓰기 연습

핵심 문형 확인

复习复习~

▶ 배운 문장을 확인해봅시다.

01 기본 어순 익히기

1. 我爱你。
2. 他爱你。
3. 妈妈爱你。
4. 爸爸也爱你。

02 이름과 국적 묻고 답하기

A 请问，您贵姓？
B 我姓高，叫高秀英。
A 你是哪国人？
B 我是中国人。

03 장소 묻고 답하기

A 你去哪儿？
B 我去图书馆。
A 明天你来图书馆吗？
B 来，那明天见吧。

04 안부 묻고 답하기

A 你最近怎么样？
B 还可以。
A 最近忙不忙？
B 很忙。

05 가족 묻고 답하기

A 你家有几口人？
B 我家有五口人。
A 他多大了？
B 十一岁了。

/ memo

한자 쓰기 연습

▶ 같은 한자의 간체자와 번체자를 써봅시다.

爱	간체자	爱 ài	爱				
	번체자	愛 사랑 애	愛				

师	간체자	师 shī	师				
	번체자	師 스승 사	師				

吗	간체자	吗 ma	吗				
	번체자	嗎 의문조사 마	嗎				

见	간체자	见 jiàn	见				
	번체자	見 보다 견	見				

复习复习~

	간체자	还 hái	还					
还	번체자	還 또 환	還					

	간체자	汉 hàn	汉					
汉	번체자	漢 한나라 한	漢					

	간체자	经 jīng	经					
经	번체자	經 지나다 경	經					

	간체자	谁 shéi	谁					
谁	번체자	誰 누구 수	誰					

# 말하기 연습

▶ 다음 주어진 그림과 대화를 보고 중국어로 말해보세요.

01

A 엄마 아빠는 너희들을 사랑한단다.
B 우리들도 엄마, 아빠를 사랑해요.

02

A 너희들은 그를 사랑하니?
B 우리 모두 그를 사랑해.

03

A 실례지만, 성이 어떻게 되세요?
B 저는 고씨이고, 고수영이라고 합니다.

04

A 저는 한국인이에요.
당신은 어느 나라 사람인가요?
B 저는 중국인입니다.

05

A 좋은 아침! 너 어디 가니?
B 나는 교실에 가.

06

A 내일 너 도서관에 오니?
B 와.

07

A 요즘 바빠요 안 바빠요?
B 많이 바빠요.

08

A 왕핑, 너 뭐 마실래?
B 커피 한 잔 할게.

09

A 너희 집은 식구가 몇 명이니?
B 우리 집은 세 식구야.

10

A 네 남동생 몇 살이야?
B 열한 살 됐어.

읽기 연습

复习复习~

▶ 다음 주어진 문장들을 읽어보세요.

01

我爱你,她也爱你,我们都爱你。

02

大家好!我叫高秀英,我是韩国人。
我的朋友姓王,叫王平,他是中国人。

03

今天早上我去教室,张丽去图书馆。
我们打算明天再见。

04

今天上午我和王平去了咖啡厅。
我喝咖啡,他也喝咖啡。最近我很忙,
可是学习汉语非常有意思。

05

这是张丽家的全家福,她家有五口人。
爸爸、妈妈、姐姐、弟弟和她。
她姐姐已经工作了,她弟弟十一岁了。

듣기 연습

복习复习~

▶ 녹음을 듣고 대답으로 알맞은 것을 고르세요.

01
① 他已经工作了。　② 我们也相信你。
③ 那明天再见吧。　④ 来杯咖啡吧。

02
① 我叫王平。　② 我去教室。
③ 我是韩国人。　④ 我有中国朋友。

03
① 妈妈来学校。　② 那我们去中国吧。
③ 我去图书馆。　④ 我不去韩国。

04
① 我要回家。　② 我要喝咖啡。
③ 我要见老师。　④ 我要看书。

05
① 他二十二岁。　② 他是我的朋友。
③ 他是中国人。　④ 他已经工作了。

문장 쓰기 연습

▶ 다음 주어진 문장에 해당하는 한어병음과 중국어를 쓰세요.

01 나는 너를 사랑해.
P _____ C _____

02 아빠도 너를 사랑해.
P _____ C _____

03 엄마, 아빠도 너를 믿어.
P _____ C _____

04 우리들 모두 너희들을 믿어.
P _____ C _____

05 저는 중국인이 아니고, 한국인이에요.
P _____ C _____

06 너의 선생님은 어느 나라 사람이니?
P _____ C _____

07 그 사람도 학생이니?
P _____ C _____

08 그들 모두 선생님이세요?
P _____ C _____

09 안녕하세요!
P _____ C _____

10 그럼 우리 교실에 가자.
P _____ C _____

复习复习~

11 그는 중국을 가지 않아요.
- P _____
- C _____

12 그들은 다시 올 계획이에요.
- P _____
- C _____

13 중국어 배우는 것은 정말 재미있어요.
- P _____
- C _____

14 아빠는 요즘 어떠세요?
- P _____
- C _____

15 너 피곤해 안 피곤해?
- P _____
- C _____

16 너는 무슨 커피 마실래?
- P _____
- C _____

17 너희 집 식구는 몇 명이니?
- P _____
- C _____

18 이것은 우리 집 가족사진이야.
- P _____
- C _____

19 그녀는 이미 일해요.
- P _____
- C _____

20 네 남동생은 몇 살이니?
- P _____
- C _____

Lesson 06

八月三号是我的生日。

학습 목표
1. 요일, 날짜를 묻고 대답할 수 있어요.
2. 시간을 묻고 대답할 수 있어요.

핵심 문형
▶ 六点半怎么样?   ▶ 好，星期四晚上见。

Dialogue

可有意思啦！

会话 1

张丽: 明哲，八月三号是我的生日，那天你有事吗？

金明哲: 是吗？那天是星期几？是这个星期四吗？我有时间。

张丽: 那天我请你吃饭，怎么样？

金明哲: 非常好！谢谢。

张丽: 你喜欢吃中国菜还是韩国菜？

金明哲: 我是韩国人，可是我很喜欢吃中国菜。

张丽: 好，那我们吃中国菜吧。几点见？

金明哲: 六点半怎么样？

张丽: 好，星期四晚上六点半见。

3성의 성조 변화

那天你有事吗?
Nà tiān nǐ yǒu(→ ní yǒu) shì ma?

那天我请你吃饭。
Nà tiān wǒ qǐng nǐ(→ wǒ qíng nǐ) chī fàn.

你喜欢吃中国菜还是韩国菜?
Nǐ xǐhuan(→ Ní xǐhuan) chī zhōngguócài háishi hánguócài?

可是我很喜欢吃中国菜。
Kěshì wǒ hěn xǐhuan(→ wǒ hén xǐhuan) chī zhōngguócài.

几点见?
Jǐ diǎn(→ Jí diǎn) jiàn?

那天她要请我吃中国菜。
Nà tiān tā yào qǐng wǒ(→ qíng wǒ) chī zhōngguócài.

会话 2

八月三号是星期四，那天是张丽的生日。那天她要请我吃中国菜。我们打算星期四晚上六点半见。

Vocabulary

月	yuè	명	월
号	hào	명	일
生日	shēngrì	명	생일
那天	nà tiān	대	그날
事	shì	명	일, 사정
星期	xīngqī	명	주, 요일
星期四	xīngqīsì	명	목요일
时间	shíjiān	명	시간
请	qǐng	동	초청하다, 한턱내다
谢谢	xièxie	동	감사하다
喜欢	xǐhuan	동	좋아하다
还是	háishi	접	또는, 아니면
点	diǎn	명	시
半	bàn	명	반, 30분

월

一月	二月	三月	四月	五月	六月	七月	八月	九月	十月	十一月	十二月
yīyuè	èryuè	sānyuè	sìyuè	wǔyuè	liùyuè	qīyuè	bāyuè	jiǔyuè	shíyuè	shíyīyuè	shí'èryuè
1월	2월	3월	4월	5월	6월	7월	8월	9월	10월	11월	12월

요일

星期天(日)	星期一	星期二	星期三	星期四	星期五	星期六
xīngqītiān(rì)	xīngqīyī	xīngqī'èr	xīngqīsān	xīngqīsì	xīngqīwǔ	xīngqīliù
周日	周一	周二	周三	周四	周五	周六
zhōurì	zhōuyī	zhōu'èr	zhōusān	zhōusì	zhōuwǔ	zhōuliù
일요일	월요일	화요일	수요일	목요일	금요일	토요일

Grammar

太简单了!

01 **八月三号**是我的生日。

A: 오늘은 몇 월 며칠이니? → 今天(是)几月几号?

B: 오늘은 8월 3일이야. → 今天(是)八月三号。

오늘은 8월 4일이 아니고, 8월 3일이야. → 今天不是八月四号，是八月三号。

5월 10일이 내 생일이 아니고, 5월 9일이 내 생일이야. → 五月十号不是我的生日，五月九号是我的生日。

「不是A, 是B」는 'A가 아니라 B이다'의 뜻을 가진 구문이다. 주어가 같을 때는 두 번 반복할 필요가 없다.
  예) 我不是中国人，是韩国人。
  나는 중국인이 아니고, 한국인이다.
  今天不是我的生日，是他的生日。
  오늘은 내 생일이 아니고, 그의 생일이다.

오늘의 날짜나 요일을 물을 때는 보통 是를 생략하는데 부정할 때는 是를 생략해서는 안돼요!

02 那天是**星期几**?

A: 너의 생일은 무슨 요일이야? → 你的生日是星期几?

B: 나의 생일은 토요일이야. → 我的生日是星期六。

几가 의문을 나타내기 때문에 吗를 써서는 안 된다.

03 我那天**请**你吃饭，怎么样?

내가 너에게 밥 살게. → 我请你吃饭。

내가 너에게 중국음식 살게. → 我请你吃中国菜。

그 사람이 너한테 커피 산대. → 他要请你喝咖啡。

내가 한턱낼게. → 我请客。

请客 qǐngkè 동 한턱내다

Tip
군장1: 我 + 请 + 你(목적어)
군장2:   你(주어) + 吃 + 饭

请은 뒤에 오는 명사가 앞 문장의 목적어, 뒷 문장의 주어가 되도록 하는 겸어동사이다. 조동사는 겸어동사 앞에 쓴다.

그럼 겸어문에서 부정은 어떻게 나타내나요?

부정은 동사나 조동사 앞에 부정부사를 넣어야 해요.
  예) 我不请你。
  我不想请你吃饭。

想 xiǎng 조동 ~하고 싶다

Grammar

太简单了!

04 你喜欢吃中国菜还是韩国菜?

너 차 마실래 커피 마실래?	➡	你要喝茶还是喝咖啡?
너 중국 가 아니면 미국 가?	➡	你去中国还是去美国?
오늘은 월요일이야 아니면 화요일이야?	➡	今天星期一还是星期二?
네가 먹어 아니면 내가 먹어?	➡	你吃还是我吃?

美国 Měiguó [고유] 미국

「(是)+A+还是+B?」는 A 또는 B를 선택하는 의문문이다.

还是가 들어가는 의문문은 吗를 넣지 않나요?

还是가 이미 의문을 나타내기 때문에 끝에 吗를 넣으면 안 됩니다.

05 六点半怎么样?

우리 3시 10분에 만나자.	➡	我们三点十分见吧。
너희들 9시 반에 집으로 가는 것 어때?	➡	你们九点半回家, 怎么样?
A: 지금 몇 시야?	➡	现在几点?
B: 지금 11시 10분 전이야.	➡	现在差十分十一点。

시간 표현은 중국어와 한국어가 매우 유사하다. 시간은 点, 분은 分으로 나타낸다. 유의할 점은 1~9분을 가리킬 때 0을 쓰는 것과 '15분', '30분' '~전'을 가리키는 표현이다.

八点 八点整	八点零八分	八点十五分 八点一刻	八点三十分 八点半	八点四十九分 差十一分九点

现在 xiànzài [명] 지금 | 差 chà [동] 부족하다 | 分 fēn [명] 분
整 zhěng [형] 정수의 | 刻 kè [명] 15분

Sentence Expansion

哦，我懂啦！

MP3 06-04

01
生日

我的生日

是我的生日

今天是我的生日

今天不是我的生日

02
吃饭

你吃饭

请你吃饭

我请你吃饭

我要请你吃饭

03
中国菜

吃中国菜

喜欢吃中国菜

很喜欢吃中国菜

我很喜欢吃中国菜

04
星期五

这个星期五

是这个星期五

妈妈的生日是这个星期五

妈妈的生日不是这个星期五

> **Tip** 喜欢과 같은 심리동사는 앞에 很, 非常과 같은 정도를 나타내는 부사가 올 수 있다.
>
> **예** 我很喜欢她。 나는 그녀를 많이 사랑해.
> 我非常相信你。 나는 너를 대단히 믿어.

Practice

01 ▶ 녹음을 듣고 다음 대화의 빈칸에 알맞은 단어를 써넣으세요. 🎧 06-05

① A 你的生日是 _____ 月 _____ 号?
B 我的生日是七月二十五号。

② A 明天你 _____ 时间吗?
B 明天我没有时间，有事儿吗?

③ A 我们喝咖啡，_____?
B 好啊。

④ A 你要吃饭 _____ 喝咖啡?
B 我要吃饭。

02 ▶ 다음 한국어 문장을 보고 한어병음과 중국어로 써보세요.

> 8월 3일은 목요일이고, 그날은 장리의 생일이다. 그날 그녀는 나에게 중국음식을 사주려고 한다. 우리는 목요일 저녁 여섯 시 반에 만날 계획이다.

P _____
_____
_____

C _____
_____
_____

Plus Plus

轻松一下吧!

명사(시간명사, 명사형) + (是) + 星期几?

오늘은 무슨 요일이니?
내일은 무슨 요일이니?

명사(시간명사, 명사형)

今天
明天
昨天
你的生日
妈妈的生日

명사(시간명사, 명사형) + (是) + 几月几号?

오늘은 몇 월 며칠이니?
내일은 몇 월 며칠이니?

주어 + 동사(+명사)1 + 还是 + 동사(+명사)2?

너는 차를 마시니 아니면 커피를 마시니?
너는 음악을 듣니 아니면 영화를 보니?

동사1 (+명사)

喝茶
听音乐
去中国
有弟弟
回家
学汉语

동사2 (+명사)

喝咖啡
看电影
去美国
有妹妹
去图书馆
学英语

주어 + 동사(+명사), 怎么样?

우리 차 마시자, 어때?
우리 음악 듣자, 어때?

새단어

昨天 zuótiān 명 어제 | 电影 diànyǐng 명 영화 | 妹妹 mèimei 명 여동생 | 英语 Yīngyǔ 명 영어

Plus Plus

轻松一下吧！

A：6月4号你有事吗？
B：6月4号我见朋友。

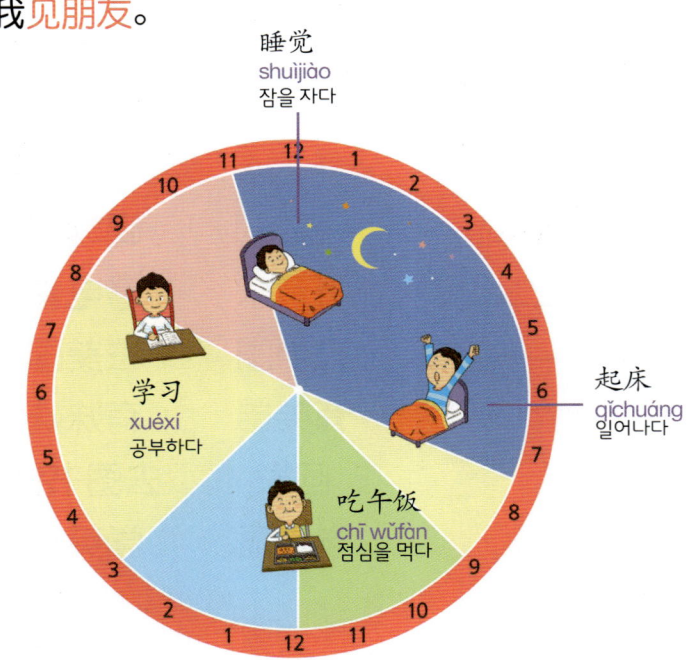

A：你几点起床？
B：我六点起床。

我不等你，谁等你？
Wǒ bù děng nǐ, shéi děng nǐ?
내가 너를 기다리지 않으면 누가 너를 기다리겠는가?

我不等你，我等谁？
Wǒ bù děng nǐ, wǒ děng shéi?
내가 너를 기다리지 않으면 내가 누구를 기다리겠는가?

你不等我，我等你。
Nǐ bù děng wǒ wǒ, děng nǐ.
네가 나를 기다리지 않아도 나는 너를 기다린다.

Lesson 07

我想问您几个问题。

학습 목표
1. 이중목적어 술어문을 묻고 대답할 수 있어요.
2. 전치사가 있는 문형을 묻고 대답할 수 있어요.

핵심 문형
▶ 我想问您几个问题。您有空儿吗?
▶ 有。我在办公室等你。

Dialogue

可有意思啦!

회화 1

金明哲	喂,张老师在吗?
张老师	我就是。您是哪位?
金明哲	老师,您好,我是金明哲。
张老师	明哲,你好,有事儿吗?
金明哲	我想问您几个问题。明天您有空儿吗?
张老师	明天上午我有两节课,两点以后才有空儿。
金明哲	要是您方便,两点半到您的办公室,行吗?
张老师	没问题。那我在办公室等你。
金明哲	谢谢您。

事儿 shìr은 shì와 èr이 연결되어서 마치 shèr 처럼 발음해야 합니다.

空儿 kòngr에서 ng는 탈락되지만 비음성분을 남겨서 발음해야 합니다.

明天上午/我有两节课。는 上午 다음에 끊어 읽고, 我有两은 wǒ yóu liǎng으로 읽어야 합니다.

회화 2

　　今天下午金明哲给张老师打电话。他问老师明天有没有空儿。张老师说,明天上午有两节课,两点以后才有空儿。金明哲打算两点半到张老师的办公室见老师。

Vocabulary

喂	wéi, wèi	감	여보세요
在	zài	전/동	~에(서) / 존재하다, ~에 있다
就	jiù	부	바로, 곧
位	wèi	양	분, 명
问	wèn	동	묻다
问题	wèntí	명	문제, 질문
空儿	kòngr	명	시간, 여유
节	jié	양	교시
课	kè	명	수업
以后	yǐhòu	명	이후
才	cái	부	~이 되어서야, 비로소
要是	yàoshi	접	만약 ~라면
方便	fāngbiàn	형	편하다, 편리하다
到	dào	동	~에 도착하다
办公室	bàngōngshì	명	사무실
行	xíng	동	~해도 좋다
等	děng	동	기다리다
给	gěi	전/동	~에게 / 주다
打	dǎ	동	(전화를) 걸다
电话	diànhuà	명	전화

Grammar

太简单了!

01 我想问您几个问题。

나는 집으로 돌아가고 싶다.	➔	我想回家。
나는 중국어를 배우고 싶다.	➔	我想学汉语。
나는 커피를 마시고 싶지 않다.	➔	我不想喝咖啡。
나는 친구를 만나고 싶지 않다.	➔	我不想见朋友。

'~하고 싶다'라는 의미의 조동사 想은 단독으로 사용될 경우 '~를 그리워하다, ~라고 생각하다'의 의미의 동사가 된다.
예 我想你。 네가 보고 싶어。

02 我想问您几个问题。

나는 그에게 중국어를 가르친다.	➔	我教他汉语。
나는 그에게 돈을 준다.	➔	我给他钱。
나는 너에게 이 일을 알려준다.	➔	我告诉你这件事。
나는 선생님께 내일 시간이 있는지 없는지 묻는다.	➔	我问老师明天有没有空儿。

教 jiāo 동 가르치다 | 告诉 gàosu 동 알리다 | 件 jiàn 양 건, 개 [일·사건 등을 세는 단위]

问은 목적어를 두 개 취할 수 있는 동사이다. 이런 종류의 동사로는 教 jiāo(가르치다), 给 gěi(주다), 告诉 gàosu(알리다), 送 sòng(보내다) 등이 있다.

중국어도 영어처럼 목적어를 두 개 가지는 문형이 있네. 영어랑 중국어가 닮은 점이 많이 있군.

03 两点以后才有空儿。

귀가한 후에야 시간이 있다.	➔	回家以后才有空儿。
그가 온 후에야 밥을 먹는다.	➔	他来以后才吃饭。
내년 이후에야 중국에 간다.	➔	明年以后才去中国。
전화 건 후에야 안다.	➔	打电话以后才知道。

明年 míngnián 명 내년 | 知道 zhīdao 동 알다

才는 앞에 시간에 관련된 내용이 있고, 사건의 발생이나 끝맺음이 늦음을 나타낸다.

Grammar

04 **要是**您方便，两点半到您的办公室。

要是는 '만약'이라는 의미로 가정을 나타낸다. 「要是…的话」로 표현할 수도 있다. 如果와 같은 뜻이다.

만약 그 사람이 중국을 간다면, 나도 가.
→ 要是他去中国，我也去。

만약 네가 시간이 있으면, 우리 같이 밥 먹자.
→ 要是你有空儿，我们一起吃饭吧。

만약 선생님을 뵈면, 질문 하나 해봐.
→ 要是见老师，你就问他一个问题吧。

만약 너에게 중국어 책이 있으면, 우리 함께 보자.
→ 要是你有汉语书，我们一起看吧。

一起 yìqǐ 부 함께 | 如果 rúguǒ 접 만약

05 那我**在**办公室等你。

在는 원래 동사 '~에 있다'를 나타내기도 하며, 전치사 '~에(서)'라는 의미를 나타내기도 한다. 이때 在 혹은 다른 전치사가 있는 전치사구는 동사 앞에 위치한다.

나는 집에서 밥 먹는다.　　→ 我在家吃饭。
나는 학교에서 일한다.　　→ 我在学校工作。
나는 도서관에서 책을 본다.　→ 我在图书馆看书。
나는 그의 집에서 요리를 한다. → 我在他家做菜。

做 zuò 동 하다, 만들다

06 今天上午金明哲**给**张老师打电话。

给는 '~에게'라는 의미의 전치사로도 사용한다.

내가 너에게 요리를 해줄게.　　→ 我给你做菜。
내가 너에게 노래 불러줄게.　　→ 我给你唱歌儿。
내가 너에게 책 한 권 사줄게.　→ 我给你买一本书。
내가 너에게 문자 보낼게.　　→ 我给你发短信。

发 fā 동 보내다 | 短信 duǎnxìn 명 문자메시지(SMS)

Sentence Expansion

哦,我懂啦!

MP3 07-04

01

问题

几个问题

问你几个问题

想问你几个问题

我想问你几个问题

02

课

两节课

有两节课

我有两节课

明天我有两节课

03

事儿

有事儿

我有事儿

我没有事儿

明天我没有事儿

04

电话

打电话

给你打电话

我给你打电话

下午我给你打电话

01 ▶ 녹음을 듣고 다음 대화의 빈칸에 알맞은 단어를 써넣으세요. 🎧 07-05

① A 明哲 _____ 吗?
　 B 我 _____ 是。

② A 明天你有 _____ 吗?
　 B 明天没有 _____，后天怎么样?

③ A 张丽，我 _____ 你一个问题，行吗?
　 B 行，你有 _____ 问题?

④ A 你要在 _____ 等我?
　 B 我打算在你的 _____ 等你。

02 ▶ 다음 한국어 문장을 보고 한어병음과 중국어로 써보세요.

> 오늘 오후 김명철은 장 선생님께 전화를 걸었다. 그는 선생님께 내일 시간이 있는지 없는지 여쭤보았다. 장 선생님께서는 내일 오전에 수업 두 교시가 있어서 두 시 이후에야 시간이 있다고 말씀하셨다. 김명철은 두 시 반에 장 선생님의 사무실에 도착해서 선생님을 뵐 예정이다.

P

C

Plus Plus

轻松一下吧！

我 + 想 + 동사 + 목적어(명사)

나는 책 보고 싶어.
나는 밥 먹고 싶어.

_____
_____
_____
_____

你 + 想 + 동사 + 목적어(명사) + 吗?

너 책 보고 싶니?
너 밥 먹고 싶니?

_____
_____
_____
_____

동사 + 목적어(명사)

看书
吃饭
喝水
听音乐
去中国
学汉语

我 + 不想 + 동사 + 목적어(명사)

나는 책 보고 싶지 않아.
나는 밥 먹고 싶지 않아.

_____
_____
_____
_____

你 + 想不想 + 동사 + 목적어(명사)?

너 책 보고 싶어 안 보고 싶어?
너 밥 먹고 싶어 안 먹고 싶어?

_____
_____
_____
_____

07 我想问您几个问题。

玩玩儿 Plus Plus

轻松一下吧！

MP3 07-06

一杯水 yì bēi shuǐ
물 한 잔

一把伞 yì bǎ sǎn
우산 하나

一朵花 yì duǒ huā
꽃 한 송이

一封信 yì fēng xìn
편지 한 통

一个人 yí ge rén
한 사람

一位客人 yí wèi kèrén
손님 한 분

一句话 yí jù huà
말 한 마디

一首歌 yì shǒu gē
노래 한 곡

一条裤子 yì tiáo kùzi
바지 한 벌

一张床 yì zhāng chuáng
침대 한 개

一座楼 yí zuò lóu
건물 하나

一家超市 yì jiā chāoshì
슈퍼마켓 한 곳

一件衣服 yí jiàn yīfu
옷 한 벌

一块蛋糕 yí kuài dàngāo
케이크 한 조각

一所医院 yì suǒ yīyuàn
병원 한 곳

一门课 yì mén kè
한 과목

给你我的卡，给你我的手，给你我的心。
Gěi nǐ wǒ de kǎ, gěi nǐ wǒ de shǒu, gěi nǐ wǒ de xīn.
너에게 내 카드를 줄게, 너에게 내 손을 줄게, 너에게 내 마음을 줄게.

给人信心，给人欢喜，
gěi rén xìnxīn, gěi rén huānxǐ,
남에게 믿음을 주고, 남에게 즐거움을 주고,

给人希望，给人方便。
gěi rén xīwàng, gěi rén fāngbiàn.
남에게 희망을 주고, 남에게 편리함을 준다.

Lesson 08

超市在南边儿。

| 학습 목표 | 1. 장소의 방향을 묻고 답할 수 있어요.
2. 연동문을 이해하고 말할 수 있어요. |
| --- | --- |
| 핵심 문형 | ▶ 书店在哪儿？ 我要去书店买书。
▶ 书店在那儿。 |

说说 Dialogue

可有意思啦！

회화 1

MP3 08-01

高秀英 张丽，我们学校真大啊！

张丽 是吧？校园又干净又漂亮。

高秀英 超市在哪儿？

张丽 超市在银行的南边儿。

高秀英 哪座楼是银行？这是什么地方？

张丽 东边儿的那座楼就是银行，这是书店。

高秀英 我要去书店买书，还要买文具。

张丽 那我们一起去吧。

高秀英 太好了，走吧。

10번씩 읽어봐요! 읽을 때마다 체크! 체크!

1 2 3 4 5 6 7 8 9 10

회화 2

MP3 08-02

我们学校的校园很大。校园里有超市、银行、书店等。我要去书店买书，还要买文具。张丽也要和我一起去书店。

10번씩 읽어봐요! 읽을 때마다 체크! 체크!

1 2 3 4 5 6 7 8 9 10

等은 '기다리다'라는 뜻 말고 다른 뜻이 있나요?

네, 여기선 '~등등'이라는 의미로 쓰였어요. 等/等等 둘 다 표현 가능하답니다.

예 A: 你想买什么？

B: 我想买咖啡、果汁、茶等等。

Vocabulary

校园	xiàoyuán	명	캠퍼스, 교정
又…又…	yòu…yòu…		~하고, ~하다
干净	gānjìng	형	깨끗하다
漂亮	piàoliang	형	예쁘다
超市	chāoshì	명	슈퍼마켓, 超级市场(chāojí shìchǎng)의 줄임말
银行	yínháng	명	은행
南边儿	nánbianr	명	남쪽
座	zuò	양	동[건물을 세는 단위]
楼	lóu	명	건물, 빌딩
地方	dìfang	명	곳, 지방
东边儿	dōngbianr	명	동쪽
书店	shūdiàn	명	서점
还	hái	부	더, 또
文具	wénjù	명	문구
太	tài	부	대단히, 매우, 너무
走	zǒu	동	걷다, 떠나다
里	lǐ	명	안, 속
等	děng	조	등, 따위

里边儿 lǐbianr 안쪽
外边儿 wàibianr 바깥쪽
对面 duìmiàn 맞은편
旁边 pángbiān 옆쪽

방위를 나타내는 단어

	北边儿 běibianr 북쪽			前边儿 qiánbianr 앞쪽	
西边儿 xībianr 서쪽	中央 zhōngyāng 중앙	东边儿 dōngbianr 동쪽	左边儿 zuǒbianr 왼쪽	中间 zhōngjiān 가운데	右边儿 yòubianr 오른쪽
	南边儿 nánbianr 남쪽			后边儿 hòubianr 뒤쪽	

Grammar

太简单了!

01 校园又干净又漂亮。

기 책은 두껍고 무겁다.	➔ 这本书又厚又重。
기곳은 지저분하고 어지럽다.	➔ 这儿又脏又乱。
기 집의 요리는 맛있고 저렴하다.	➔ 这家的菜又好吃又便宜。

厚 hòu 혱 두껍다 | 重 zhòng 혱 무겁다 | 这儿 zhèr 대 이곳, 여기 | 脏 zāng 혱 더럽다 | 乱 luàn 혱 어지럽다 | 好吃 hǎochī 혱 맛있다 | 便宜 piányi 혱 저렴하다

「又…又…」는 '~하고 ~하다'라는 의미로 주로 형용사 혹은 동사가 온다. 모두 좋은 의미 혹은 모두 나쁜 의미가 올 수 있다.

02 超市在哪儿?

A: 장리는 어디에 있어?	➔ 张丽在哪儿?
B: 장리는 저기에 있어.	➔ 张丽在那儿。
A: 도서관은 어디에 있어요?	➔ 图书馆在哪儿?
B: 도서관은 슈퍼마켓 옆에 있어요.	➔ 图书馆在超市旁边儿。

那儿 nàr 대 그곳, 거기

在는 뒤에 장소명사를 동반하는 동사이다. 만약 在 뒤의 명사가 장소를 나타내지 않을 경우 방위를 나타내는 명사를 넣어 장소를 대신 가리킬 수 있다.

03 我要去书店买书, 还要买文具。

나는 집에 가서 밥을 먹으려고 한다.	➔ 我要回家吃饭。
나는 과일 사러 슈퍼마켓에 간다.	➔ 我去超市买水果。
나는 영화 보러 가려고 한다.	➔ 我要去看电影。
너도 책 보러 와.	➔ 你也来看书吧。

水果 shuǐguǒ 명 과일

중국어에 동사가 연이어 나오는 문장을 연동문이라고 한다. 연동문의 첫 번째 동사는 去나 来이고, 去나 来 뒤에 목적어가 올 수도 있고, 바로 다른 동사가 올 수도 있다. 이 때 동사들은 시간이 진행되는 순서대로 표현한다.

Grammar

04 我要去书店买书，还要买文具。

还는 '더', '또'의 의미로 쓰는 부사이다. 조동사가 있을 경우, 还는 조동사 앞에 위치한다.

나는 볶음밥을 먹고 싶고, 또 만두도 먹고 싶다.
➔ 我想吃炒饭，还想吃饺子。

나는 차를 마시고, 또 커피를 마시려고 한다.
➔ 我要喝茶，还要喝咖啡。

우리는 중국 갈 예정인데, 너는 또 어디 가고 싶어?
➔ 我们打算去中国，你还想去哪儿？

炒饭 chǎofàn 명 볶음밥 | 饺子 jiǎozi 명 만두

05 太好了。

太는 '매우'라는 의미의 부사로 뒤에 주로 了가 함께 출현한다.

A: 이것 어때? ➔ 这个怎么样？
B: 정말 좋아, 나한테 줘. ➔ 太好了，你给我吧。

A: 선생님 목소리 정말 아름다워. ➔ 老师的声音太美了。
B: 그래, 정말 아름다워. ➔ 是啊，真的很美。

声音 shēngyīn 명 소리, 목소리 | 美 měi 형 아름답다

06 校园里有超市、银行、书店等。

有 앞에 장소가 오고, 有 뒤에 장소의 주체가 오는 문장을 존현문이라고 한다. 이때 장소명사 앞에 在를 써서는 안 된다. 부정형식은 没有로 나타낸다.

그곳에는 서점 하나가 있다. ➔ 那边儿有一家书店。
우리 집에는 중국어 책 한 권이 있다. ➔ 我家有一本汉语书。
학교에는 많은 중국인이 있다. ➔ 学校里有很多中国人。
이곳에는 책, 펜, 공책 등이 있다. ➔ 这儿有书、笔、本子等。

家 jiā 양 곳, 집 | 笔 bǐ 명 펜 | 本子 běnzi 명 공책

Sentence Expansion

哦，我懂啦！

MP3 08-04

01
什么

吃什么

要吃什么

还要吃什么

你还要吃什么

02
咖啡店

一家咖啡店

有一家咖啡店

那儿有一家咖啡店

那儿就有一家咖啡店

03
书

买书

去书店买书

要去书店买书

我要去书店买书

04
水果

买水果

去买水果

要去买水果

我要去买水果

Practice

01 ▶ 녹음을 듣고 다음 대화의 빈칸에 알맞은 단어를 써넣으세요. 🎧 08-05

① A 这家 _____ 美 _____ 大！
  B 是啊，_____ 好 _____ 。

② A 你家 _____ 哪儿?
  B 我家 _____ 学校的后边儿。

③ A 这儿 _____ 什么?
  B 这儿 _____ 绿茶、可乐、牛奶、咖啡 _____ 。

④ A 我要去书店买文具，你呢?
  B 我也 _____ 和你一起去书店。

绿茶 lǜchá 명 녹차 | **可乐** kělè 명 콜라 | **牛奶** niúnǎi 명 우유

02 ▶ 다음 한국어 문장을 보고 한어병음과 중국어로 써보세요.

> 우리 학교의 캠퍼스는 크다. 캠퍼스 안에는 슈퍼마켓, 은행, 서점 등이 있다. 나는 서점에 가서 책을 사고, 또 학용품도 사려고 한다. 장리도 나와 함께 서점에 가려고 한다.

P _____

C _____

Plus Plus

轻松一下吧！

我 + 去 + 동사 + 목적어(명사)

나는 책을 보러 간다.
나는 밥을 먹으러 간다.

동사

看
吃
喝
听
买
学

목적어 (명사)

书
饭
茶
音乐
水果
汉语

你 + 去不去 + 동사 + 목적어(명사)?

너 책 보러 가니 안 가니?
너 밥 먹으러 가니 안 가니?

这儿 + 有 + 목적어(명사) + 吗?

여기에 책 있어?
여기에 돈 있어?
여기에 커피 있어?

목적어 (명사)

书
钱
咖啡
椅子
桌子
书店
银行
咖啡店

这儿 + 没有 + 목적어(명사)

여기에 책 없어.
여기에 돈 없어.
여기에 커피 없어.

새단어

椅子 yǐzi 명 의자 | 桌子 zhuōzi 명 탁자, 탁상

Plus Plus

轻松一下吧！

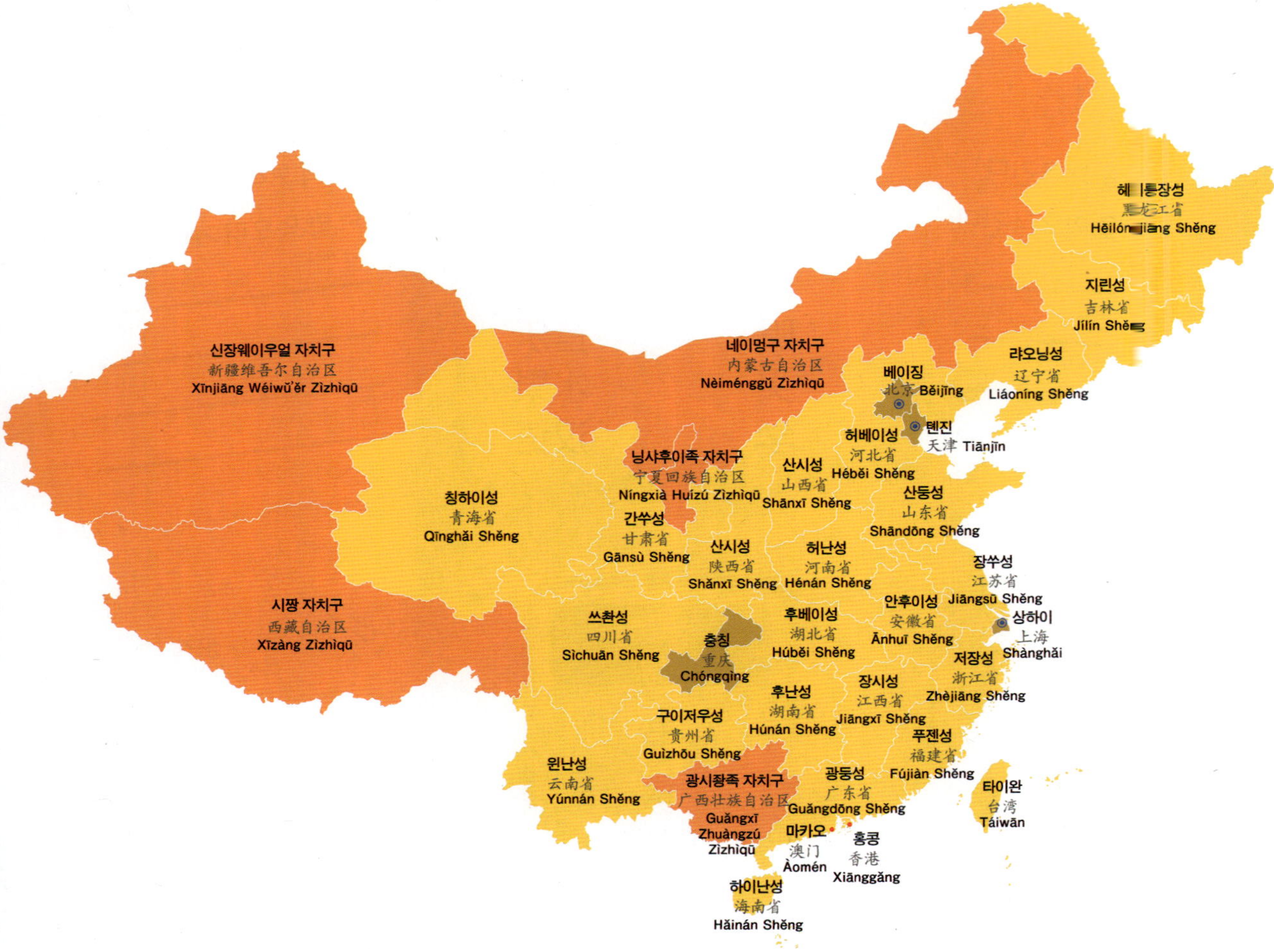

A：黑龙江省在哪儿？
B：黑龙江省在吉林省的北边儿。

你在哪儿，幸福就在哪儿。
Nǐ zài nǎr, xìngfú jiù zài nǎr.
네가 있는 곳에 행복이 있다.

我已经来了，你又在哪儿呢？
Wǒ yǐjīng lái le, nǐ yòu zài nǎr ne?
나는 이미 왔는데, 너는 또 어디에 있니?

你在哪儿呢？我真想你啊！
Nǐ zài nǎr ne? Wǒ zhēn xiǎng nǐ a!
너 어디에 있어? 나 정말 네가 너무 보고 싶어!

你还没来，我还在等你。
Nǐ hái méi lái, wǒ hái zài děng nǐ.
너는 아직 안 왔는데, 나는 여전히 너를 기다리고 있어.

Lesson 09

你在做什么呢？

학습 목표
1. 현재진행형을 묻고 대답할 수 있어요.
2. 동작의 양이나 횟수를 말할 수 있어요.

핵심 문형　▶ 你在做什么呢？　　▶ 我在看书呢。

Dialogue

可有意思啦！

회화 1

金明哲：王平，你在做什么呢？
王平：我在看书呢，下个星期有考试。
金明哲：我要出去买点儿水果，要是你有时间，就跟我一起去吧。
王平：行，你等一下，我换一下衣服。你想买什么水果？
金明哲：我要买苹果和香蕉。
王平：我也买点儿。顺便去公园散步，怎么样？
金明哲：好，这样吧，我们先去公园，然后回来的时候再买水果。
王平：好主意！那我们现在就走吧。

这는 '이때, 지금'이라는 뜻도 있어요. 뒤에 就, 才, 都 등이 와서 함께 쓰이죠. 여기서 这就는 '지금 바로', '지금 끝'이라는 의미예요.

회화 2

今天下午我打算买水果。我想跟王平一起去。我到王平家找他的时候，他在看书。我们决定一起先去公园散步，然后回来的时候顺便再买水果。

Vocabulary

在	zài	부	~하고 있다
下	xià	명	다음 / 양 번, 회
考试	kǎoshì	명	시험 / 동 시험 치다
出去	chūqù	동	나가다
点儿	diǎnr	양	조금
跟	gēn	전	~와
换	huàn	동	바꾸다
衣服	yīfu	명	옷
苹果	píngguǒ	명	사과
香蕉	xiāngjiāo	명	바나나
顺便	shùnbiàn	부	~하는 김에, 겸사겸사
公园	gōngyuán	명	공원
散步	sànbù	동	산책하다
这样	zhèyàng	대	이렇게
先	xiān	부	먼저
然后	ránhòu	접	그 다음에, 연후에
回来	huílai	동	돌아오다
时候	shíhou	명	때
主意	zhǔyi	명	생각, 견해
找	zhǎo	동	찾다
决定	juédìng	동	결정하다

Grammar

太简单了!

01 你在做什么呢?

나 식사 중이야.	➔ 我在吃饭呢。
나 회의 중이야.	➔ 我在开会呢。
나는 텔레비전 보는 중이야.	➔ 我在看电视呢。
나는 텔레비전 보는 중이 아니라, 책을 보는 중이야.	➔ 我没在看电视, 我在看书呢。

开会 kāihuì 통 회의하다 | 电视 diànshì 명 텔레비전

「(正)在……(呢)」는 현재 진행을 나타내는 표현으로 '지금 ~하고 있는 중이야'의 의미이다. 이때 在는 부사이며 동사 앞에 온다. 부정형식은 没(有)로 나타내는데, 没(有)는 在 앞에 위치한다.

진행의 在와 장소의 在를 잘 구분해서 사용해야겠군.

02 下个星期有考试。

다음 달에 귀국하려고 해.	➔ 下个月要回国。
다음에 또 오세요.	➔ 欢迎下次再来。
다음 사람은 바로 너야.	➔ 下一个就是你。
다음 정류장은 어디죠?	➔ 下一站是什么地方?

回国 huíguó 통 귀국하다 | 欢迎 huānyíng 통 환영하다 |
下次 xiàcì 명 다음 번 | 站 zhàn 명 역, 정류장

下는 주로 양사 앞이나 수량구 앞에서 '다음'의 의미를 나타낸다.

03 我要出去买点儿水果。

너 물 좀 마셔.	➔ 你喝点儿水吧。
너 음식 좀 먹어.	➔ 你吃点儿东西吧。
너 가서 빵 좀 사.	➔ 你去买点儿面包吧。
너 일 찾아서 돈 좀 벌어.	➔ 你找工作挣点儿钱吧。

东西 dōngxi 명 물건 | 面包 miànbāo 명 빵 | 挣钱 zhèngqián 돈을 벌다

点儿은 동사 혹은 형용사 뒤에 쓰이는데, 원래 一点儿이지만 구어에서 주로 一가 생략된 형태로 쓰이며 양이 적음을 나타낸다.

点은 원래 dian+r인데, n이 탈락되고 마치 diar인 것처럼 발음하면 됩니다.

Grammar

太简单了!

04 你等一下。

이건 제가 쓴 것인데 한번 봐주세요.	这是我写的，请看一下。
나 생각 중이야, 너 먼저 말해봐.	我在想呢，你先说一下。
너 너무 피곤해 보여, 좀 쉬어.	我看你太累了，休息一下吧。
선생님, 질문 좀 할게요.	老师，请问一下。

写 xiě 동 쓰다 | 休息 xiūxi 동 쉬다

「동사+수사-下」일 때 下는 동작의 횟수를 가리키는데 종종 儿을 덧붙여 발음하기도 한다. 「동사-一下」일 경우 '한 번 ~하다' 혹은 '좀 ~하다'로 번역한다.

05 顺便去公园散步，怎么样?

하는 김에 이 문제를 한번 말해봐.	顺便说一下这个问题。
하는 김에 그 사람 이름이 뭔지 한번 물어볼게.	顺便问一下他叫什么名字。
하는 김에 네 가방 안에 뭐가 있는지 한번 보자.	顺便看一下你的包里有什么。
겸사겸사 중국에 한번 갈게.	顺便去一下中国。

包 bāo 명 가방

顺便은 원래 '어떤 일을 하는 과정에서 자연스럽게 따라서 다른 일을 하는 것'을 의미하는 것으로 '~하는 김에' 혹은 '겸사겸사'로 해석한다.

06 我们先去公园，然后回来的时候再买水果。

먼저 먹고, 나중에 다시 얘기하자.	你先吃，然后再说。
먼저 토론한 후에 다시 결정하자.	先讨论，然后再决定吧。
그들은 먼저 베이징에 가고, 다음에 상하이에 가.	他们先去北京，然后去上海。
먼저 선생님께 여쭤보고, 나중에 그에게 물어보자.	先问老师，然后再问他吧。

讨论 tǎolùn 동 토론하다 | 北京 Běijīng 고유 베이징 | 上海 Shànghǎi 고유 상하이

先은 다른 일이 발생하기 전에 어떤 일이 있다는 것을 나타낸다. 앞 문장에 先이 있으면 뒤 문장에 然后가 오기도 한다.

Sentence Expansion

哦，我懂啦！

MP3 09-04

01
看电视

在看电视

在看电视呢

没在看电视呢

我没在看电视呢

02
面包

买面包

买点儿面包

去买点儿面包

我要去买点儿面包

03
问题

这个问题

说这个问题

说一下这个问题

顺便说一下这个问题

04
再说

然后再说

问一下，然后再说

问一下老师，然后再说

先问一下老师，然后再说

Practice

01 ▶ 녹음을 듣고 다음 대화의 빈칸에 알맞은 단어를 써넣으세요. 🎵 09-05

① A 你 _____ 做什么呢?

　 B 我 _____ 做饭呢。

② A 请坐，你吃点儿 _____ 吧 。

　 B 谢谢您，真好吃。

③ A 这个星期我去中国。

　 B 是吗? _____ 买点儿中国茶吧。

④ A 你 _____ 说，然后我说，怎么样?

　 B 行，那这样决定吧。

02 ▶ 다음 한국어 문장을 보고 한어병음과 중국어로 써보세요.

> 오늘 오후 나는 과일을 사러 가려 했다. 나는 왕핑과 함께 가고 싶었다. 내가 왕핑 집에 도착해서 그를 찾았을 때, 그는 책을 보고 있었다. 우리는 우선 함께 공원에 가서 산책하고, 그 다음 돌아올 때 과일을 사기로 결정했다.

P _____

_____

_____

C _____

_____

_____

Plus Plus

轻松一下吧！

주어 + 在 + 동사 + 목적어(명사) + 呢

나는 책을 보고 있는 중이야.
나는 밥을 먹고 있는 중이야.

___
___
___
___

주어 + 在 + 동사 + 목적어(명사) + 吗?

너는 책을 보고 있는 중이니?
너는 밥을 먹고 있는 중이니?

___
___
___
___

동사	목적어(명사)
看	书
吃	饭
做	饭
喝	咖啡
打	电话
听	音乐
学习	汉语

주어 + 没在 + 동사 + 목적어(명사) + 呢

나는 책을 보고 있지 않아.
나는 밥을 먹고 있지 않아.

___
___
___
___

주어 + 동사 + 목적어(명사) + 了

나는 책을 봤어.
나는 밥을 먹었어.

___
___
___
___

玩玩儿 Plus Plus 轻松一下吧！

MP3 09-06

睡觉 shuìjiào
잠자다

打球 dǎqiú
공 놀이하다

起床 qǐchuáng
일어나다

逛街 guàngjiē
쇼핑하다

去卫生间 qù wèishēngjiān
화장실 가다

点菜 diǎncài
음식을 주문하다

结帐 jiézhàng
계산하다

换钱 huànqián
환전하다

画画儿 huàhuàr
그림을 그리다

洗澡 xǐzǎo
샤워하다

排队 páiduì
줄 서다

等车 děng chē
차를 기다리다

买衣服 mǎi yīfu
옷을 사다

游泳 yóuyǒng
수영하다

玩儿电脑 wánr diànnǎo
컴퓨터를 하고 놀다

剪头发 jiǎn tóufa
머리를 자르다

该做什么，能做什么，
Gāi zuò shénme, néng zuò shénme,
무엇을 해야 하고, 무엇을 할 수 있고,

想做什么，在做什么。
xiǎng zuò shénme, zài zuò shénme.
무엇을 하고 싶고, 무엇을 하고 있나.

我到底在做什么。
Wǒ dàodǐ zài zuò shénme.
나는 도대체 무엇을 하고 있나.

Lesson 10

多少钱一斤?

학습 목표
1. 가격을 묻고 대답할 수 있어요.
2. 가격을 흥정할 수 있어요.

핵심 문형
▶ 多少钱一斤? ▶ 三块钱一斤。

Dialogue

可有意思啦！

회화 1

MP3 10-01

售货员　您好！要买什么？
金明哲　要买点儿苹果。多少钱一斤？
售货员　三块钱一斤。
金明哲　太贵了，能不能便宜点儿呢？
售货员　您看，这些苹果多新鲜啊！
　　　　不贵。来，尝尝就知道了。
金明哲　好吃是好吃，不过有点儿贵。
售货员　两块五一斤，行吗？
金明哲　好的，要两斤。给您十块钱。
售货员　一共五块，找您五块。谢谢您。
　　　　欢迎下次再来。

1~10 정도의 작은 수를 물을 때는 주로 几를 쓰고 비교적 큰 수를 물을 때는 '多少 duōshao(얼마)'를 쓴다.

예　A：你有多少本书?
　　　책을 얼마나 가지고 있어?
　　B：我有三百本书。
　　　300권 가지고 있어.

7과에서 배웠던 '问, 给, 告诉, 教, 送'처럼 '找'도 '거슬러주다'라는 의미로 쓰일 때 목적어를 두 개 취할 수 있습니다.

회화 2

MP3 10-02

　　　金明哲和王平去市场买苹果。苹果又好吃又新鲜，可是他们觉得有点儿贵。售货员打折后，他们才买。两斤苹果一共五块钱。

10 多少钱一斤?

Vocabulary

售货员	shòuhuòyuán	명	판매원
多少	duōshao	대	얼마, 몇
斤	jīn	양	근, 500g
块	kuài	양	위안[화폐 단위]
能	néng	조동	~할 수 있다
些	xiē	양	몇, 조금[복수]
新鲜	xīnxiān	형	신선하다
尝	cháng	동	맛보다
不过	búguò	접	그러나
有点儿	yǒudiǎnr	부	조금, 약간
一共	yígòng	부	합계, 모두
找	zhǎo	동	거슬러주다
市场	shìchǎng	명	시장
觉得	juéde	동	느끼다, 생각하다
打折	dǎzhé	동	(가격을) 깎다, 할인하다

'근(斤)'은 우리나라에서도 쓰이는 무게 단위네요~

 하지만 단위의 크기가 달라요. 우리나라에선 고기·한약재 등을 잴 때는 1근=600g이고, 채소·과일 등을 잴 때는 1근=375g을 말해요. 하지만 중국에서는 모든 물건의 무게 단위를 1근=500g으로 통일했어요.

Grammar

太简单了!

01 多少钱一斤? / 三块钱一斤。

A: 이 옷 얼마예요? → 这件衣服多少钱?
B: 350위안입니다. → 三百五十块钱。

A: 우리 먹은 것 모두 얼마예요? → 我们吃的一共多少钱?
B: 모두 150위안입니다. → 一共一百五十块钱。

Tip 중국의 화폐 단위

	块(元)	毛(角)	分	
0.03			3	三分钱
0.30		3	3	三毛三分钱
3.33	3	3	3	三块三毛三分钱
2.22	2	2	2	两块两毛两分钱
25.00	25	0	0	二十五块钱
38.05	38	0	5	三十八块零五分钱
47.60	47	6	0	四十七块六毛钱
100.00	100	0	0	一百块钱

元 yuán 명 위안[화폐 단위] | 毛 máo 명 마오[화폐단위] | 角 jiǎo 명 쟈오[화폐 단위]
分 fēn 명 펀[화폐 단위]

1) 多少는 '얼마'라는 의미로 주로 비교적 큰 수를 물을 때 사용도 고, 10 이하의 작은 수를 물을 떠는 几를 사용한다.

2) 중국의 화폐단위는 块(元), 毛(角), 分으로 나누어진다.

元이나 角는 언제 쓰나요?

중국 화폐에 元, 角라고 쓰여있어요. 말할때 角는 잘 사용하지 않지만 元은 종종 사용합니다.

02 能不能便宜点儿?

그는 돌아올 수 있어? → 他能回来吗?
나는 한자를 잘 쓸 수 있다. → 我能写好汉字。

A: 너 내일 올 수 있니? → 明天你能来吗?
B: 올 수 있어. → 能来。

能은 어떤 일을 할 수 있는 능력이나 조건이 있음을 나타낸다. 대답할 대 能만 사용할 수도 있다.

Grammar

太简单了！

03 这些苹果多新鲜啊！

이 사과들 얼마나 큰지! ➡ 这些苹果多大啊！
오늘 날씨가 얼마나 좋은지! ➡ 今天天气多好啊！
네 여동생 얼마나 귀여운지! ➡ 你妹妹多可爱啊！
중국어가 얼마나 재미있는지! ➡ 汉语多有意思啊！

天气 tiānqì 명 날씨 | 可爱 kě'ài 형 귀엽다

多는 문장 끝에 啊과 함께 쓰여 정도가 매우 크다는 의미의 감탄문을 만든다.

多는 '얼마나'라는 의미가 있어 감탄문에도 쓰인다.

04 尝尝就知道了。

네가 좀 보면 알아. ➡ 你看(一)看就知道。
내가 좀 말하면 문제없어. ➡ 我说(一)说就没问题。
내가 좀 물어보면 돼. ➡ 我问(一)问就行。
나 산책 좀 하러 가. ➡ 我去散散步。

동사를 중첩하면 '좀 ~하다'라는 완곡한 의미를 나타낸다. 「동사+동사」, 혹은 「동사+一+동사」로 나타낼 수 있는데 2음절 동사는 一를 넣지 않는다. 특히 「동사+명사」로 구성된 단어는 동사만 중첩한다.

아하! 散步는 「동사+명사」로 구성된 단어이기 때문에 散散步가 된 거구나.

05 好吃是好吃，不过有点儿贵。

예쁘기는 예쁜데 너무 비싸. ➡ 好看是好看，不过太贵了。
저렴하기는 저렴한데 불편해. ➡ 便宜是便宜，不过不方便。
신선하기는 신선한데 너무 많아. ➡ 新鲜是新鲜，不过太多了。
비싸기는 비싼데 재미있어. ➡ 贵是贵，不过很有意思。

不过는 전환의 의미를 나타내며 주로 구어에서 사용된다. 「A+是+A, 不过……」는 '형용사기는 하지만 그러나 ~하다'의 의미로 이미 하나의 패턴이 되었다.

Sentence Expansion

哦,我懂啦!

MP3 10-04

01
点儿
便宜点儿
能便宜点儿
能不能便宜点儿
你能不能便宜点儿

02
新鲜
多新鲜啊
这些多新鲜啊
这些苹果多新鲜啊
您看,这些苹果多新鲜啊

03
贵
有点儿贵
不过有点儿贵
好吃,不过有点儿贵
好吃是好吃,不过有点儿贵

04
两斤苹果
买两斤苹果
买了两斤苹果
才买了两斤苹果
他们才买了两斤苹果

Practice

01 ▶ 녹음을 듣고 다음 대화의 빈칸에 알맞은 단어를 써넣으세요. 🎵 10-05

① A 这些香蕉 _____ 一斤？
   B 两块钱一斤。

② A 这些香蕉有点儿贵，_____ 便宜点儿呢？
   B 不好意思，不打折。

③ A 二十八块钱吧？我给您三十块。
   B 好的，_____ 您两块。谢谢您。

④ A 你 _____ 这些苹果味道怎么样？
   B 又好吃又新鲜。

不好意思 bùhǎoyìsi 미안하다, 부끄럽다 | **味道** wèidao 명 맛

02 ▶ 다음 한국어 문장을 보고 한어병음과 중국어로 써보세요.

> 김명철과 왕핑은 사과를 사러 시장에 갔다. 사과가 맛있고 신선했지만 그들은 좀 비싸다고 생각했다. 판매원이 할인을 해준 후에 그들은 비로소 샀다. 사과 두 근은 모두 5위안이었다.

P _____

_____

C _____

_____

Plus Plus

轻松一下吧！

我 + 能 + 동사 + 목적어(명사)

나는 백주를 마실 수 있다.
나는 해산물을 먹을 수 있다.

_____
_____
_____
_____

동사 + 목적어(명사)

喝白酒
吃海鲜
学汉语
买汉堡包
看汉语书
做中国菜

你 + 能不能 + 동사 + 목적어(명사)?

너는 백주를 마실 수 있어 없어?
너는 해산물을 먹을 수 있어 없어?

_____
_____
_____
_____

주어(명사, 명사형) + 能 + 형용사 + 一点儿。

그는 좀 조심할 수 있다.
오늘 좀 나을 수 있다.

_____
_____
_____
_____

형용사

小心
好
慢
温柔
安静
好看

주어(명사, 명사형) + 能 + 형용사 + 一点儿 + 吗?

그가 좀 조심할 수 있어?
오늘 좀 나을 수 있어?

_____
_____
_____
_____

새단어

白酒 báijiǔ 명 백주 | 海鲜 hǎixiān 명 해산물 | 汉堡包 hànbǎobāo 명 햄버거 | 小心 xiǎoxīn 형 조심스럽다 |
开车 kāichē 동 운전하다 | 慢 màn 형 (속도가) 느리다 | 温柔 wēnróu 형 부드럽다 | 安静 ānjìng 형 조용하다 |
画画儿 huàhuàr 동 그림을 그리다

玩玩儿 Plus Plus

轻松一下吧！

远一点儿 yuǎn yìdiǎnr
좀 멀다

小一点儿 xiǎo yìdiǎnr
좀 작다

长一点儿 cháng yìdiǎnr
좀 길다

好听一点儿 hǎotīng yìdiǎnr
좀 듣기 좋다

开心一点儿 kāixīn yìdiǎnr
좀 기쁘다

安静一点儿 ānjìng yìdiǎnr
좀 조용하다

大一点儿 dà yìdiǎnr
좀 크다

舒服一点儿 shūfu yìdiǎnr
좀 편안하다

吃一点儿 chī yìdiǎnr
좀 먹다

带一点儿 dài yìdiǎnr
좀 지니다

喝一点儿 hē yìdiǎnr
좀 마시다

做一点儿 zuò yìdiǎnr
좀 하다

说一点儿 shuō yìdiǎnr
좀 말하다

买一点儿 mǎi yìdiǎnr
좀 사다

多穿一点儿
duō chuān yìdiǎnr
좀 많이 입다

学一点儿 xué yìdiǎnr
좀 배우다

我们能不能在一起?
Wǒmen néng bu néng zài yìqǐ?
우리 같이 있을 수 있을까?

我看看你，你看看我，
Wǒ kànkan nǐ, nǐ kànkan wǒ,
내가 너를 보고, 네가 나를 보니까

一天就过去了。
yìtiān jiù guòqu le.
하루가 다 지나갔다.

복습 2

Lesson 06~10

1. 핵심 문형 확인
2. 한자 쓰기 연습
3. 말하기 연습
4. 읽기 연습
5. 듣기 연습
6. 문장 쓰기 연습

핵심 문형 확인

复习复习~

▶ 배운 문장을 확인해봅시다.

memo

01 날짜와 요일 묻고 답하기

A 你的生日是几月几号?
B 八月三号。
A 是这个星期四吗?
B 是，星期四晚上见吧。

02 약속 정하기

A 我想问您几个问题。你有空儿吗?
B 两点以后才有空儿。
A 要是您方便，两点半到您的办公室，行吗?
B 没问题，那在办公室等你。

03 위치 묻고 답하기

A 我们学校真大啊!
B 是吧? 校园又干净又漂亮。
A 超市在哪儿?
B 超市就在银行的南边儿。

04 행동 설명하기

A 你在做什么呢?
B 我在看书呢。
A 我要出去买点儿水果。
B 你等一下。我也要去。

05 물건 사기

A 我要买点儿苹果。多少钱一斤?
B 三块钱一斤。
A 太贵了，能不能便宜点儿呢?
B 这些苹果多新鲜啊! 不贵。尝尝就知道了。
A 好吃是好吃，不过有点儿贵。

한자 쓰기 연습

▶ 같은 한자의 간체자와 번체자를 써봅시다.

间	간체자	间 jiān	间
	번체자	間	間
		사이 **간**	

点	간체자	点 diǎn	点
	번체자	點	點
		시 **점**	

题	간체자	题 tí	题
	번체자	題	題
		제목 **제**	

办	간체자	办 bàn	办
	번체자	辦	辦
		힘들일 **판**	

复习复习~

| 电 | 간체자 | 电 电 diàn | | | | | | |
| | 번체자 | 電 電 번개 전 | | | | | | |

| 银 | 간체자 | 银 银 yín | | | | | | |
| | 번체자 | 銀 銀 은 은 | | | | | | |

| 边 | 간체자 | 边 边 biān | | | | | | |
| | 번체자 | 邊 邊 가장자리 변 | | | | | | |

| 觉 | 간체자 | 觉 觉 jué | | | | | | |
| | 번체자 | 覺 覺 깨달을 각 | | | | | | |

말하기 연습

▶ 다음 주어진 그림과 대화를 보고 중국어로 말해보세요.

01

A 오늘 몇 월 며칠이야?
B 오늘은 9월 8일이야.

02

A 오늘 무슨 요일이니?
B 오늘은 토요일이야.

03

A 여보세요. 장 선생님 계세요?
B 바로 접니다. 누구세요?

04

A 제가 몇 가지 질문을 드리고 싶어서요. 내일 시간 있으세요?
B 내일 오전에 수업이 있어서 두 시 이후에야 시간이 있어요.

05

A 우리 학교 정말 크다!
B 그렇지? 캠퍼스가 깨끗하고 예뻐.

06
A 슈퍼마켓은 어디에 있어?
B 슈퍼마켓은 은행의 남쪽에 있어.

07
A 왕핑, 너 뭐하고 있니?
B 나 책 보고 있어.

08
A 나 과일 좀 사러 나가려고 해.
B 잠깐 기다려, 나 옷 좀 갈아입을게.

09
A 이것 얼마예요?
B 그것은 10위안이에요.

10
A 너무 비싸네요. 좀 저렴하게 해주실 수 있나요?
B 이것 얼마나 신선한데요! 비싸지 않아요.

읽기 연습

▶ 다음 주어진 문장들을 읽어보세요.

01

八月三号是星期四，那天是张丽的生日。那天她要请我吃中国菜。我们打算星期四晚上六点半见。

02

今天下午金明哲给张老师打电话。他问老师明天有没有空儿。张老师说，明天上午有两节课，两点以后才有空儿。金明哲打算两点半到张老师的办公室见老师。

03

我们学校的校园很大。校园里有超市、银行、书店等。我要去书店买书，还要买文具。张丽也要和我一起去书店。

04

今天下午我打算买水果。我想跟王平一起去。我到王平家找他的时候，他在看书。我们决定一起去公园散步，然后回来的时候顺便再买水果。

05

金明哲和王平去市场买苹果。苹果又好吃又新鲜，可是他们觉得有点儿贵。售货员打折后，他们才买。两斤苹果一共五块钱。

듣기 연습

복习复习~

▶ 녹음을 듣고 대답으로 알맞은 것을 고르세요.

MP3 R2-01

01

① 星期天晚上六点。
② 十月九号。
③ 是这个星期天。
④ 晚上八点见吧。

02

① 行，那我在办公室等吧。
② 我在学校看书呢。
③ 我想问您几个问题。
④ 有空儿就行。

03

① 他有很多书。
② 去书店买书，很方便。
③ 书店就在那儿，我们一起去吧。
④ 这是买书的地方。

04

① 我打算明天回国。
② 我想出去买点儿书。
③ 我要去看书。
④ 我在做饭呢。

05

① 一百五十块钱，太贵了。
② 您好，一百五十块钱。
③ 我有一百五十块钱。
④ 给您一百五十块钱吧。

문장 쓰기 연습

▶ 다음 주어진 문장에 해당하는 한어병음과 중국어를 쓰세요.

01 너의 생일은 몇 월 며칠이니?
P _____ C _____

02 오늘은 무슨 요일이니?
P _____ C _____

03 너 집에 갈래 아니면 커피 마실래?
P _____ C _____

04 우리 몇 시에 만나?
P _____ C _____

05 여보세요, 장 선생님 계세요?
P _____ C _____

06 저는 몇 가지 질문을 드리고 싶어요.
P _____ C _____

07 내일 시간 있으세요?
P _____ C _____

08 내일 수업이 두 교시 있어서, 두 시 이후에야 시간이 있어요.
P _____ C _____

09 캠퍼스가 크고 예뻐.
P _____ C _____

10 슈퍼마켓은 학교의 남쪽에 있어.
P _____ C _____

11 어느 건물이 은행이야?

12 나는 서점에 가서 책 사고, 문구도 사려고 해.

13 너 뭐하고 있니?

14 나 책 보고 있어. 다음 주에 시험이 있거든.

15 나 시장에 가려고 하는데, 가는 김에 공원에 가서 산책하는 거 어때?

16 우리 먼저 공원 갔다가, 그 다음 돌아올 때 과일 사자.

17 너무 비싸네요. 좀 저렴하게 해주실 수 있나요?

18 보세요, 얼마나 신선한데요! 비싸지 않아요.

19 맛있기는 맛있지만 좀 비싸요.

20 모두 10위안이에요. 2위안 거슬러드릴게요.

발음편

중국어 발음

- 음절 구조
- 성조
- 성모
- 운모
- 한어병음표

음절 구조

중국어의 음절은 성조, 성모, 운모로 구성되어 있다. 한국어는 음절이 자음과 모음으로 구성되어 있으므로 음절 구조에서 한국어와 중국어는 차이가 있다.

성조

성조(声调 shēngdiào)는 소리의 음높이를 말하는데 중국어는 성모나 운모뿐만 아니라 성조로도 의미를 구별한다. 즉, 하나의 단어가 성모와 운모가 같고 성조가 다르면 다른 의미를 나타낸다. 중국어는 글자마다 고유한 자신의 성조를 가지고 있으며, 총 4개의 성조와 경성이 있다. 중국어의 성조를 개략적으로 나타내면 높은 수평조, 낮은 수평조, 오름조, 내림조로 마치 모래시계와 같은 모양이다.

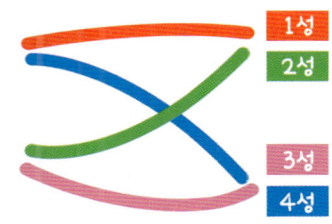

1. 성조의 종류

1) 1성

   높고 평평한 소리이다. 시작과 끝의 음높이가 유사해야 하고 끝의 음높이가 낮아져서는 안 된다.

   예 tāng 汤 명 국, 탕

2) 2성

   조금 높은 곳에서 시작하여 더 높은 곳까지 높아지는 소리이다. 끝이 더 높아야 3성과 혼동하지 않을 수 있다.

   예 táng 糖 명 설탕, 사탕

3) 3성

조금 낮은 곳에서 시작하여 더 낮은 곳까지 내려갔다가 조금 올라가는 소리이다. 3성 글자를 단독으로 소리 낼 때는 성조 부호의 모양처럼 올라가지만 다른 글자와 연결될 경우 주로 낮은 소리를 낸다.

예 tǎng 躺 동 눕다

4) 4성

높은 곳에서 시작하여 낮은 곳으로 떨어지는 소리이다. 최고점이 가장 높으며 빠르고 강하게 아래로 떨어지는 소리이다. 아래로 가파르게 떨어져야 3성과 혼동하지 않는다.

예 tàng 趟 양 회, 번

5) 경성

중국어의 일부 글자, 혹은 글자와 글자가 연결될 때 가볍고 짧게 소리 내는 경우가 있는데 이를 경성이라고 한다. 경성은 다음의 두 종류가 있다.

① 음높이가 앞 글자의 성조보다 낮은 것

높은 음높이인 1성, 2성, 4성 뒤에 오는 경성은 앞 성조보다 음높이가 낮다.

예 māma 妈妈 명 엄마
　yéye 爷爷 명 할아버지
　bàba 爸爸 명 아버지

② 음높이가 앞 글자의 성조보다 높은 것

낮은 음높이인 3성 뒤에 오는 경성은 앞 성조보다 음높이가 높다.

예 lǎolao 姥姥 명 외할머니

2. 성조의 음높이 변화

1) 3성 변화

3성이 두 개 이상 연이어 나올 경우 기존의 음높이에서 변화가 발생한다.

① 3성이 두 개 연이어 나올 경우, 앞의 3성은 2성으로 변화한다. 하지만 한어병음의 표기를 바꾸지는 않는다.

② 3성이 세 개 이상 연이어 나올 경우, 음절 구조에 따라 성조가 변화한다.

예) 买手表　　　→　买 + 手表
　　 mǎi shǒubiǎo　　 mǎi shóubiǎo

　　 展览馆　　　→　展览 + 馆
　　 zhǎnlǎnguǎn　　 zhánlánguǎn

　　 我很好　　　→　我 + 很 + 好
　　 Wǒ hěn hǎo　　 Wǒ hén hǎo

　　 我也好　　　→　我 + 也 + 好
　　 Wǒ yě hǎo　　 Wǒ yé hǎo

　　 3 + 3 + 3 + 3　→　2 + 3 + 2 + 3
　　　　　　　　　　　3 + 2 + 2 + 3

　　 小手小脚　　　→　小手 + 小脚
　　 xiǎo shǒu xiǎo jiǎo　　 xiáo shǒu + xiáo jiǎo

　　 狗比马好　　　→　狗 + 比 + 马 + 好
　　 gǒu bǐ mǎ hǎo　　 góu bǐ má hǎo
　　　　　　　　　　　gǒu bí má hǎo

2) 不 성조 변화

부정부사 不 bù는 원래 4성이지만 뒤에 4성이 올 경우, 2성으로 변화한다.

$$\text{不} + \diagdown \rightarrow \text{不} + \diagdown$$

예 不是 → 不是
bù shì   bú shì

不去 → 不去
bù qù   bú qù

不对 → 不对
bù duì   bú duì

不大 → 不大
bù dà   bú dà

3) 一 성조 변화

숫자 一 yī는 원래 1성이지만 상황에 따라 2성 또는 4성으로 성조가 변화한다.

① yī로 발음하는 경우

단독의 숫자일 때
서수일 때   →   一
문장 끝에 위치할 때

예 一、二、三、四!
   Yī、èr、sān、sì!

   第一课
   Dì yī kè

   这是我最喜欢的书之一。
   Zhè shì wǒ zuì xǐhuan de shū zhī yī.

② yí로 발음하는 경우
뒤에 4성이 올 경우 2성으로 변화한다.

— + ╲ ➡ ˊ + ╲

- 一共　　➡　一共
  yīgòng　　　yígòng

  一束花　➡　一束花
  yī shù huā　yí shù huā

  一大早　➡　一大早
  yīdàzǎo　　yídàzǎo

③ yì로 발음하는 경우
뒤에 1, 2, 3성이 올 경우 4성으로 변화한다.

— + ˇ ➡ ˋ + ˇ

- 一般　　➡　一般
  yībān　　　yìbān

  一直　　➡　一直
  yīzhí　　　yìzhí

  一起　　➡　一起
  yīqǐ　　　yìqǐ

  一本书　➡　一本书
  yī běn shū　yì běn shū

중국어 발음 **135**

성모

'성모(声母, shēngmǔ)'는 우리말의 자음에 해당하는 것으로 총 21개가 있다. 성모는 단독으로 소리 낼 수 없고 운모와 함께 결합해야만 소리를 낼 수 있는데, 이때 결합하는 모음을 호독음(呼读音)이라고 한다.

성모

b	p	m	f
d	t	n	l
zh	ch	sh	r
z	c	s	
j	q	x	
g	k	h	

+

호독음

o
e
-i
-i
i
e

1) 입술소리(순음)

b 아래 위 입술을 붙이고 입안의 공기를 완전히 막은 후 입술을 떼고 소리를 낸다. 한국어 소리의 'ㅃ'에 가깝다.
예) bō 波   bái 白   bǎn 版   bàng 棒

p 아래 위 입술을 붙이고 입안의 공기를 완전히 막은 후 입술을 떼고 공기를 밖으로 강하게 뿜어내며 소리를 낸다. 한국어 소리의 'ㅍ'에 가깝다.
예) pō 颇   péi 陪   pǎo 跑   pàng 胖

m 아래 위 입술을 붙이고 입안의 공기를 완전히 막은 후 코로 공기가 통하게 하여 소리를 낸다. 한국어 소리의 'ㅁ'에 가깝다.
예) mō 摸   mén 门   mǒu 某   mào 帽

f 아랫입술 안쪽에 윗니를 대고 그 사이로 공기를 약하게 내보내면서 소리를 낸다. 한국어에는 없는 소리이고 영어의 'f'에 가깝다.
예) fó 佛   féi 肥   fěn 粉   fàn 饭

2) 윗니 뒤 소리(치조음)

d
혀의 앞부분을 윗니 뒤의 평평한 부분에 대고 공기를 막은 후 혀를 떼면서 소리를 낸다. 한국어 소리의 'ㄸ'에 가깝다.

예) de 的　　dá 达　　děng 等　　dà 大

t
혀의 앞부분을 윗니 뒤의 평평한 부분에 대고 공기를 막은 후 혀를 떼면서 공기를 강하게 밖으로 뿜어내며 소리를 낸다. 한국어 소리의 'ㅌ'에 가깝다.

예) tè 特　　téng 疼　　tǎng 躺　　tài 太

n
혀의 앞부분을 윗니 뒤의 평평한 부분에 대고 공기를 막은 후 코로 공기가 통하게 하여 혀를 떼면서 소리를 낸다. 한국어 소리의 'ㄴ'에 가깝다.

예) ne 呢　　nín 您　　nǎ 哪　　nào 闹

l
혀에 힘을 주고 혀끝을 윗니 뒷부분에 대고 공기를 혀의 양 옆으로 내보내며 혀를 떼고 소리를 낸다. 한국어 소리 중 초성의 'ㄹ'에 가깝다.

예) lè 乐　　lái 来　　lǐ 里　　lù 路

3) 혀끝을 올리는 소리(권설음)

zh
윗니의 평평한 부분 뒤의 꺾이는 곳 혹은 그 뒤에 혀끝을 들어 올려서 살짝 대고 혀에 힘을 주면서 그 사이의 틈으로 'ㅈ' 소리를 낸다. 한국어에 없는 소리이다.

예) zhī 知　　zhé 哲　　zhǎo 找　　zhèng 正

ch
윗니의 평평한 부분 뒤의 꺾이는 곳 혹은 그 뒤에 혀끝을 들어 올려서 살짝 대고 혀에 힘을 주다가 그 사이의 틈으로 공기를 강하게 내보내며 'ㅊ' 소리를 낸다. 한국어에 없는 소리이다.

예) chī 吃　　chā 差　　chǎng 场　　chù 处

sh
윗니의 평평한 부분 뒤의 꺾이는 곳 혹은 그 뒤에 혀끝을 들어 올려서 살짝 대고 혀에 힘을 주다가 그 사이의 틈으로 공기를 내보내며 마찰하듯이 'ㅅ' 소리를 낸다. 한국어에 없는 소리이다.

예) shī 失　　shí 时　　shuǐ 水　　shàng 上

r 윗니의 평평한 부분 뒤의 꺾이는 곳 혹은 그 뒤에 혀끝을 들어 올려서 살짝 대고 혀에 힘을 주다가 그 사이의 틈으로 공기를 내보내며 'ㄹ' 소리를 낸다. 영어의 'r'은 소리 낼 때 두 입술을 둥글게 만들지만 중국어는 모음에 따라 입술 모양이 달라진다.

예) rì 日   rén 人   ruǎn 软   ràng 让

4) 윗니 소리

z 혀끝을 윗니 안쪽에 대고 공기를 막은 후 혀를 살짝 떼면서 소리를 낸다. 한국어에는 없는 소리이며 'ㅉ'에 비교적 가깝다.

예) zī 资   zú 族   zǎo 早   zuò 坐

c 혀끝을 윗니 안쪽에 대고 공기를 막은 후 혀를 살짝 떼면서 강하게 공기를 내보내며 소리를 낸다. 한국어에는 없는 소리이며 'ㅊ'에 비교적 가깝다.

예) cī 刺   cóng 从   cǎo 草   cuò 错

s 혀끝을 윗니와 윗니 뒤 평평한 부분의 경계에 대고 공기를 막았다가 그 틈으로 마찰하듯이 소리를 낸다. 한국어에는 없는 소리이며 'ㅆ'에 비교적 가깝다.

예) sī 思   sú 俗   suǒ 所   suì 岁

5) 딱딱한 입천장 소리(경구개음)

j 딱딱한 입천장에 혀를 평평하게 만들어 대고 그 틈으로 소리를 낸다. 한국어 소리의 'ㅈ'와 같다.

예) jī 基   jié 节   jiǔ 九   jiàn 见

q 딱딱한 입천장에 혀를 평평하게 만들어 대고 그 틈으로 공기를 내뿜으며 소리를 낸다. 한국어 소리의 'ㅊ'와 같다.

예) qī 欺   qián 前   qǐng 请   què 却

x 딱딱한 입천장에 혀를 평평하게 만들어 대고 그 틈으로 마찰하듯이 소리를 낸다. 한국어 소리의 'ㅅ'과 같다.

예) xī 希   xué 学   xiǎng 想   xìng 姓

6) 부드러운 입천장 소리(연구개음)

g 부드러운 입천장 부분에 혀의 뒷부분을 들어 올려 막았다가 열면서 소리를 낸다. 한국어의 'ㄲ'과 유사하다.
  예 gē 哥   guó 国   gěi 给   gèng 更

k 부드러운 입천장 부분에 혀의 뒷부분을 들어 올려 막았다가 열면서 강하게 공기를 내보내며 소리를 낸다. 한국어의 'ㅋ'과 유사하다.
  예 kē 科   káng 扛   kǎo 考   kuài 块

h 부드러운 입천장 부분에 혀의 뒷부분을 들어 올려 막았다가 열면서 마찰하듯이 소리를 낸다. 한국어의 'ㅎ'과는 다른 소리이다.
  예 hē 喝   hé 和   hǎo 好   huà 话

운모

'운모(韵母, yùnmǔ)'는 우리말 모음에 해당하는 것으로 총 36개가 있다. 운모는 단독으로 소리를 낼 수 있고, i, u, ü는 단독으로 출현할 경우 앞에 자음을 동반한다.

단운모	복운모			
a o e er	ai ou ei	ao ong en	an eng	ang
i	ia (ya) ian (yan) in (yin)	ie (ye) iang (yang) ing (ying)	iao (yao) iong (yong)	iu (you)
u	ua (wa) uai (wai) ui (wei)	uo (wo) uan (wan) un (wen)	uang (wang) ueng (weng)	
ü	üe (yue)	üan (yuan)	ün (yun)	

1) 단운모

a

입을 크게 벌리고 혀의 높이를 낮추며 한국어의 '아'와 유사한 소리를 낸다. 하지만 중국어 '아'는 한국어의 '아'보다 1/3 정도 더 크게 입을 벌려야 한다.

예) ā 啊   má 麻   dǎ 打   là 辣

o

입을 중간 정도 벌리고 '우' 소리에서 시작하여 '오' 소리로 끝난다. 이때 '오'는 한국어의 '오'보다 입이 좀 더 벌어져서 한국어의 '어'처럼 들리기도 한다. 두 개의 음절로 소리를 내는 것이 아니라 하나의 음절로 자연스럽게 소리를 내야 한다. 단모음에 속해 있지만 정확한 소리는 단모음이 아니다.

예) ō 噢   bó 伯   mǒ 抹   pò 破

e

입을 작게 벌리고 '으' 소리에서 시작해서 '어' 소리로 끝난다. 두 개의 음절로 소리를 내는 것이 아니라 하나의 음절로 자연스럽게 소리를 내야 한다. 단모음에 속해 있지만 정확한 소리는 단모음이 아니다.

예) ē 呃   zhé 折   kě 可   tè 特

er

입을 중간 정도로 벌리고 혀끝을 입천장 쪽으로 올리며 '얼'과 유사한 소리를 낸다. 이때 혀끝이 입천장에 닿지 않도록 해야 한다.

예) ér 而   ér 儿   ěr 耳   èr 二

i

한국어의 '이'와 유사한 소리이다.

예) yī 一   lí 离   nǐ 你   jì 记

u

한국어의 '우'와 유사한 소리지만 한국어의 '우'보다 입안의 공간이 더 넓다.

예) wū 乌   dú 读   gǔ 古   zhù 住

ü

한국어의 '위'와 유사한 소리지만 한국어는 '위'를 처음에 입술을 둥글게 하였다가 중에 입술을 평평하게 만들어 '위이'라고 발음하지만 중국어는 끝까지 입술을 둥글게 유지하여 '위'로 발음한다.

예) yū 淤   lǘ 驴   nǚ 女   qù 去

2) 복운모(다중운모)

ai
입을 크게 벌리고 '아' 소리에서 시작해서 '이' 소리로 끝낸다. 이때 두 개의 음절로 소리 내는 것이 아니라 하나의 음절로 자연스럽게 연결하는데 '아'는 2/3의 길이, '이'는 1/3의 길이로 소리를 낸다.

예) kāi 开   bái 白   cǎi 踩   shài 晒

ao
입을 크게 벌리고 '아'에서 시작하여 '오'로 끝내는데 '오'는 한국어보다 입을 좀 더 크게 벌린다. 이때 두 개의 음절로 소리 내는 것이 아니라 하나의 음절로 자연스럽게 연결하는데 '아'는 2/3의 길이, '오'는 1/3의 길이로 소리를 낸다.

예) gāo 高   sháo 勺   hǎo 好   dào 到

an
입을 크게 벌리고 '안'이라고 소리를 낸다. 이때 '아'는 2/3의 길이, 'ㄴ'은 1/3의 길이로 '안-'으로 길게 발음하지 않도록 주의한다.

예) cān 参   tán 谈   gǎn 感   zhàn 站

ang
입을 크게 벌리고 '앙'이라고 소리를 낸다. 이때 '아'는 2/3의 길이, 'ㅇ(ng)'은 1/3의 길이로 '앙ㅇ-'으로 발음하지 않도록 주의한다.

예) dāng 当   páng 旁   lǎng 朗   shàng 上

ou
한국어의 '오'보다 입을 좀 더 벌린 상태로 '오우'라고 소리를 낸다. 이때 '오'는 2/3의 길이, '우'는 1/3의 길이로 소리를 낸다.

예) dōu 都   lóu 喽   shǒu 手   còu 凑

ong
한국어의 '오'보다 입을 좀 더 벌린 상태로 '옹'이라고 소리 낸다. 이때 '오'는 2/3 길이, 종성 'ㅇ(ng)'은 1/3의 길이로 '옹ㅇ-'으로 발음하지 않도록 주의한다. ong은 단독으로 음절을 구성할 수 없고 항상 성모와 결합하여 쓴다.

예) dōng 东   lóng 龙   zǒng 总   zhòng 重

ei
'e'는 한국어의 '에'와 유사한 소리로 'ei'는 '에이'로 소리를 낸다. 이때 'ei'는 감탄사를 제외하고 단독으로 음절을 구성할 수 없고 항상 성모와 결합하여 쓴다.

예) bēi 悲   léi 雷   gěi 给   lèi 累

en

'e'는 한국어의 '어'와 유사한 소리로 'en'은 '언'으로 소리를 낸다. 이때 '어'는 2/3 길이를, 'ㄴ(n)'은 1/3의 길이를 주며 '언ㄴ-'으로 발음하지 않도록 주의한다.

예 gēn 跟   hén 痕   kěn 肯   hèn 恨

eng

'e'는 한국어의 '어'와 유사한 소리로 'ng'는 종성 'ㅇ'으로 '엉'과 유사한 소리다. 이때 '어'는 2/3 길이를, 종성 'ㅇ(ng)'은 1/3의 길이를 주며 '엉ㅇ-'으로 발음하지 않도록 주의한다.

예 dēng 灯   méng 盟   lěng 冷   shèng 盛

ia (ya)

'이아'와 유사한 소리로 하나의 음절로 자연스럽게 연결해서 소리를 낸다. 이때 '이'는 1/3의 길이, '아'는 2/3의 길이로 소리를 낸다. ia가 성모와 결합하지 않고 단독으로 쓰일 때는 ya로 표기한다.

예 jiā 家   yá 牙   liǎ 俩   xià 下

ie (ye)

'이에'와 유사한 소리로 하나의 음절로 자연스럽게 연결해서 소리를 낸다. 이때 '이'는 1/3의 길이, '에'는 2/3의 길이로 소리를 낸다.

예 xiē 些   jié 节   qiě 且   liè 烈

iao (yao)

'이아오'와 유사한 소리로 하나의 음절로 자연스럽게 연결해서 소리를 낸다. 이때 '이'는 1/4, '아'는 2/4, '오'는 1/4의 길이로 소리를 낸다.

예 jiāo 交   miáo 苗   xiǎo 小   yào 要

iu (you)

'이오우'와 유사한 소리로 하나의 음절로 자연스럽게 연결해서 소리를 낸다. 이때 '이'는 1/4, '오'는 2/4, '우'는 1/4의 길이로 소리를 낸다. '오'는 한국어보다 입을 좀 더 크게 벌린다. 소리는 '이오우'이지만 한어병음 표기는 'iu'이고 'you'일 때는 성조를 'o'에 표기한다.

예 diū 丢   liú 留   jiǔ 久   yòu 又

ian (yan)

'이앤'과 유사한 소리로 하나의 음절로 자연스럽게 연결해서 소리를 낸다. 이때 '이'는 1/4, '애'는 2/4, 'ㄴ'은 1/4의 길이로 소리를 낸다. 'a'가 '아' 발음이 아니라 '애' 발음이라는 것에 유의해야 한다.

예 biān 边   lián 连   yǎn 眼   miàn 面

iang (yang)

'이앙'과 유사한 소리로 하나의 음절로 자연스럽게 연결해서 소리를 낸다. 이때 '이'는 1/4, '아'는 2/4, 종성 'ㅇ(ng)'은 1/4의 길이로 소리를 낸다.

예) jiāng 江   qiáng 强   liǎng 两   yàng 样

iong (yong)

'이옹'과 유사한 소리로 하나의 음절로 자연스럽게 연결해서 소리를 낸다. 이때 '이'는 1/4, '오'는 2/4, 종성 'ㅇ(ng)'은 1/4의 길이로 소리를 낸다.

예) xiōng 兄   qióng 穷   jiǒng 窘   yòng 用

in (yin)

'인'과 유사한 소리로 하나의 음절로 자연스럽게 연결해서 소리를 낸다. 이때 '이'는 2/3, 'ㄴ(n)'은 1/3의 길이로 소리를 낸다.

예) xīn 新   nín 您   pǐn 品   jìn 近

ing (ying)

'잉'과 유사한 소리로 하나의 음절로 자연스럽게 연결해서 소리를 낸다. 이때 '이'는 2/3, 종성 'ㅇ(ng)'은 1/3의 길이로 소리를 낸다.

예) yīng 应   líng 零   xǐng 醒   jìng 净

ua (wa)

'우아'와 유사한 소리로 하나의 음절로 자연스럽게 연결해서 소리를 낸다. 이때 '우'는 1/3, '아'는 2/3의 길이로 소리를 낸다.

예) shuā 刷   huá 华   guǎ 寡   kuà 跨

uo (wo)

'우오'와 유사한 소리로 하나의 음절로 자연스럽게 연결해서 소리를 낸다. 이때 '오'의 입모양이 한국어 '오'보다 더 크게 벌어진다는 점에 유의해야 한다. 이때 '우'는 1/3, '오'는 2/3의 길이로 소리를 내다.

예) shuō 说   duó 夺   zuǒ 左   ruò 若

uai (wai)

'우아이'와 유사한 소리로 하나의 음절로 자연스럽게 연결해서 소리를 낸다. 이때 '우'는 1/4, '아'는 2/4, '이'는 1/4의 길이로 소리를 낸다.

예) huái 怀   guǎi 拐   kuài 快   wài 外

uan (wan)

'우안'과 유사한 소리로 하나의 음절로 자연스럽게 연결해서 소리를 낸다. 이때 '우'는 1/4, '아'는 2/4, 'ㄴ(n)'은 1/4의 길이로 소리를 낸다.

예) duān 端   chuán 传   nuǎn 暖   zhuàn 赚

uang (wang)

'우앙'과 유사한 소리로 하나의 음절로 자연스럽게 연결해서 소리를 낸다. 이때 '우'는 1/4, '아'는 2/4, 'ㅇ(ng)'은 1/4의 길이를 준다.

예 guāng 光　　chuáng 床　　shuǎng 爽　　zhuàng 撞

ui (wei)

'우에이'와 유사한 소리로 하나의 음절로 자연스럽게 연결해서 소리를 낸다. 이때 '우'는 1/4, '에'는 2/4, '이'는 1/4의 길이로 소리를 낸다. 소리는 '우에이'지만 한어병음 표기는 'ui'이고 'wei'일 때는 성조를 'e'에 표기한다.

예 tuī 推　　wéi 维　　shuǐ 水　　guì 贵

un (wen)

'우언'과 유사한 소리로 입술을 둥글게 하였다가 평평하게 만들어 하나의 음절로 자연스럽게 소리를 낸다. 이때 '우'는 1/4, '어'는 2/4, 'ㄴ(n)'은 1/4의 길이를 준다. 소리는 '우언'이지만 한어병음 표기는 'un'이고 'wen'일 때는 성조를 'e'에 표기한다.

예 wēn 温　　lún 轮　　zhǔn 准　　gùn 棍

ueng (weng)

'우엉'과 유사한 소리로 입술을 둥글게 하였다가 평평하게 만들어서 하나의 음절로 소리를 낸다. 이때 '우'는 1/4, '어'는 2/4, 'ㅇ(ng)'은 1/4의 길이로 소리를 낸다.

예 wēng 翁　　wēng 嗡　　wěng 蓊　　wèng 蕹

üe (yue)

'위에'와 유사한 소리로 '위'는 입 모양을 둥글게 하고 'e'는 '에'로 소리를 낸다. 이때 '위'는 1/3, '에'는 2/3의 길이로 소리를 낸다.

예 quē 缺　　jué 绝　　xuě 雪　　yuè 越

üan (yuan)

'위앤'과 유사한 소리로 '위'는 입모양을 둥글게 하고 'a'는 '애'로 자연스럽게 하나의 음절로 소리를 낸다. 이때 '위'는 1/4, '애'는 2/4, 'ㄴ(n)'은 1/4의 길이로 소리를 낸다. 'a'가 '아'가 아니라 '애'로 소리 나는 것에 유의해야 한다.

예 xuān 宣　　quán 全　　juǎn 卷　　yuàn 院

ün (yun)

'윈'과 유사한 소리로 '위'는 입 모양을 둥글게 하고 입모양이 바뀌지 않은 상태에서 'ㄴ(n)'과 함께 발음해야 한다. 이때 '위'는 2/3, 'ㄴ(n)'은 1/3의 길이를 준다.

예 jūn 军　　qún 裙　　xún 寻　　yùn 运

1. 성조 부호 표기 방법

1) 성조 부호는 1성(ˉ), 2성(ˊ), 3성(ˇ), 4성(ˋ)으로 나타낸다.

   예) 1성: dā 搭   2성: dá 达   3성: dǎ 打   4성: dà 大

2) 성조는 모음 위에 표기하고, 모음이 여러 개 나올 때는 입이 가장 크게 벌어지는 모음 위에 표기한다.
   a 〉 o, e 〉 i, u

   예) bāo 包   biǎo 表   bái 白   tóu 头   gěi 给   xióng 熊

3) ui나 iu가 있는 음절은 뒤에 있는 모음에 성조를 표기한다.

   예) duì 对   diū 丢   guì 贵   liú 留

4) i에 성조를 표기할 경우 i 위의 점을 빼고 그 위치에 성조를 표기한다.

   예) yī 一   tí 提   lǐ 里   dì 第

5) 경성은 성조를 표기하지 않는다.

   예) xǐhuan 喜欢   duìbuqǐ 对不起

2. 한어병음 표기 방법

1) 알파벳 소문자로 표기한다.

   예) shì 是 ~이다   hǎo 好 좋다

2) 하나의 단어는 붙여서 표기한다.

   예) māma 妈妈 엄마   xuéxí 学习 공부하다

3) 고유명사의 첫 음절이나 문장의 첫 음절은 대문자로 표기한다.

   예) Hánguó 韩国 한국   Wǒ ài nǐ. 我爱你。 나는 너를 사랑해.

4) 이름은 성과 이름을 띄어 쓰고, 각각의 첫 음절은 대문자로 표기한다.

   예) Zhāng Lì 张丽 장리   Gāo Xiùyīng 高秀英 고수영

5) a, o, e로 시작하는 음절이 다른 음절 뒤에 바로 연결될 때, 음절의 경계를 나누기 위해 격음부호(')를 더해준다.

   예) Tiān'ānmén 天安门 천안문   nǚ'ér 女儿 딸

중국어 발음 **145**

6) i가 단독으로 발음될 때는 앞에 y를 더한다.

　　예   i ➡ yi

7) i가 운모의 앞에 나올 때는 i를 y로 바꿔 표기한다.

　　예   ia ➡ ya　　　　ie ➡ ye　　　　iao ➡ yao　　　　iou ➡ you　　　　ian ➡ yan
　　　　iang ➡ yang　　iong ➡ yong　　in ➡ yin　　　　ing ➡ ying

8) u가 단독으로 발음될 때는 앞에 w를 추가한다.

　　예   u ➡ wu

9) u가 운모의 맨 앞에 나올 때는 u를 w로 바꿔 표기한다.

　　예   ua ➡ wa　　　wo ➡ wo　　　uai ➡ wai　　　uan ➡ wan　　　uang ➡ wang
　　　　uei ➡ wei　　 uen ➡ wen　　ueng ➡ weng

10) ü가 단독으로 발음될 때나 ü가 운모의 맨 앞에 나올 때는 ü 앞에 y를 더하고 ü 위의 두 점을 뗀다.

　　예   ü ➡ yu　　　üe ➡ yue　　　üan ➡ yuan　　　ün ➡ yun

11) ü나 ü로 시작하는 운모가 j, q, x와 결합하면 ü의 두 점을 뺀다.

　　예   j + ü ➡ ju　　　　q + ü ➡ qu　　　　x + ü ➡ xu
　　　　j + üe ➡ jue　　　q + üe ➡ que　　　x + üe ➡ xue
　　　　j + üan ➡ juan　　q + üan ➡ quan　　x + üan ➡ xuan
　　　　j + ün ➡ jun　　　q + ün ➡ qun　　　x + ün ➡ xun

12) iou, uei, uen이 성모와 결합할 때, 각각 iu, ui, un으로 쓴다.

　　예   m + iou ➡ miu　　　d + iou ➡ diu　　　n + iou ➡ niu　　　l + iou ➡ liu
　　　　j + iou ➡ jiu　　　 q + iou ➡ qiu　　　x + iou ➡ xiu
　　　　d + uei ➡ dui　　　 t + uei ➡ tui
　　　　z + uei ➡ zui　　　 c + uei ➡ cui　　　s + uei ➡ sui
　　　　zh + uei ➡ zhui　　 ch + uei ➡ ui　　 sh + uei ➡ shui
　　　　d + uen ➡ dun　　　 t + uen ➡ tun　　 l + uen ➡ lun
　　　　z + uen ➡ zun　　　 c + uen ➡ cun　　 s + uen ➡ sun
　　　　zh + uen ➡ zhun　　 ch + uen ➡ chun　 sh + uen ➡ shun　　r + uen ➡ run
　　　　g + uen ➡ gun　　　 k + uen ➡ kun　　 h + uen ➡ hun

한어병음표

	a	o	e	-i	i	u	ü	er	ai	ei	ao	ou	ia	ie	iao	iou (iu)	ua	uo	uai	uei (ui)
b	ba	bo			bi	bu			bai	bei	bao			bie	biao					
p	pa	po			pi	pu			pai	pei	pao	pou		pie	piao					
m	ma	mo	me		mi	mu			mai	mei	mao	mou		mie	miao	miu				
f	fa	fo				fu				fei		fou								
d	da		de		di	du			dai	dei	dao	dou		die	diao	diu		duo		dui
t	ta		te		ti	tu			tai		tao	tou		tie	tiao			tuo		tui
n	na		ne		ni	nu	nü		nai	nei	nao	nou		nie	niao	niu		nuo		
l	la		le		li	lu	lü		lai	lei	lao	lou	lia	lie	liao	liu		luo		
g	ga		ge			gu			gai	gei	gao	gou					gua	guo	guai	gui
k	ka		ke			ku			kai	kei	kao	kou					kua	kuo	kuai	kui
h	ha		he			hu			hai	hei	hao	hou					hua	huo	huai	hui
j					ji	ju							jia	jie	jiao	jiu				
q					qi	qu							qia	qie	qiao	qiu				
x					xi	xu							xia	xie	xiao	xiu				
zh	zha		zhe	zhi		zhu			zhai	zhei	zhao	zhou					zhua	zhuo	zhuai	zhui
ch	cha		che	chi		chu			chai		chao	chou					chua	chuo	chuai	chui
sh	sha		she	shi		shu			shai	shei	shao	shou					shua	shuo	shuai	shui
r			re	ri		ru					rao	rou					rua	ruo		rui
z	za		ze	zi		zu			zai	zei	zao	zou						zuo		zui
c	ca		ce	ci		cu			cai		cao	cou						cuo		cui
s	sa		se	si		su			sai		sao	sou						suo		sui
	a	o	e		yi	wu	yu	er	ai	ei	ao	ou	ya	ye	yao	you	wa	wo	wai	wei

	an	en	ang	eng	ong	ian	in	iang	ing	iong	uan	uen (un)	uang	ueng	üe	üan	ün
b	ban	ben	bang	beng		bian	bin		bing								
p	pan	pen	pang	peng		pian	pin		ping								
m	man	men	mang	meng		mian	min		ming								
f	fan	fen	fang	feng													
d	dan	den	dang	deng	dong	dian			ding		duan	dun					
t	tan		tang	teng	tong	tian			ting		tuan	tun					
n	nan	nen	nang	neng	nong	nian	nin	niang	ning		nuan				nüe		
l	lan		lang	leng	long	lian	lin	liang	ling		luan	lun			lüe		
g	gan	gen	gang	geng	gong						guan	gun	guang				
k	kan	ken	kang	keng	kong						kuan	kun	kuang				
h	han	hen	hang	heng	hong						huan	hun	huang				
j						jian	jin	jiang	jing	jiong					jue	juan	jun
q						qian	qin	qiang	qing	qiong					que	quan	qun
x						xian	xin	xiang	xing	xiong					xue	xuan	xun
zh	zhan	zhen	zhang	zheng	zhong						zhuan	zhun	zhuang				
ch	chan	chen	chang	cheng	chong						chuan	chun	chuang				
sh	shan	shen	shang	sheng							shuan	shun	shuang				
r	ran	ren	rang	reng	rong						ruan	run					
z	zan	zen	zang	zeng	zong						zuan	zun					
c	can	cen	cang	ceng	cong						cuan	cun					
s	san	sen	sang	seng	song						suan	sun					
	an	en	ang	eng		yan	yin	yang	ying	yong	wan	wen	wang	weng	yue	yuan	yun

부록

- ▶ 본문 한어병음
- ▶ 본문 해석
- ▶ 정답과 스크립트
- ▶ 단어 색인

본문 한어병음

Lesson 01 .... 11p

▶ 회화 1

Wǒ ài nǐ.
Tā ài nǐ.

Māma ài nǐ.
Bàba yě ài nǐ.

Tā ài wǒ.
Wǒmen dōu ài nǐ.

▶ 회화 2

Wǒ ài nǐ, tā yě ài nǐ, wǒmen dōu ài nǐ.

Lesson 02 .... 21p

▶ 회화 1

王平	Nǐ hǎo!
高秀英	Nǐ hǎo!
王平	Qǐng wèn, nín guì xìng?
高秀英	Wǒ xìng gāo, jiào Gāo Xiùyīng. Nǐ ne?
王平	Wǒ xìng Wáng, jiào Wáng Píng. Nǐ shì Hánguórén ma?
高秀英	Duì, wǒ shì Hánguórén. Nǐ shì nǎ guó rén?
王平	Wǒ shì Zhōngguórén.

▶ 회화 2

Dàjiā hǎo! Wǒ jiào Gāo Xiùyīng, wǒ shì Hánguórén. Wǒ de péngyou xìng Wáng, jiào Wáng Píng, tā shì Zhōngguórén.

Lesson 03 .... 31p

▶ 회화 1

张丽	Míngzhé, zǎoshang hǎo!
金明哲	Zǎoshang hǎo! Nǐ qù nǎr?
张丽	Wǒ qù túshūguǎn. Nǐ yě qù túshūguǎn ma?
金明哲	Wǒ bú qù túshūguǎn, wǒ qù jiàoshì.
张丽	Shì ma? Míngtiān nǐ lái túshūguǎn ma?
金明哲	Lái.
张丽	Nà míngtiān jiàn ba.
金明哲	Hǎo, zàijiàn!

▶ 회화 2

Jīntiān zǎoshang wǒ qù jiàoshì, Zhāng Lì qù túshūguǎn. Wǒmen dǎsuàn míngtiān zàijiàn.

Lesson 04 .... 41p

▶ 회화 1

金明哲	Nǐ hǎo, Wáng Píng! Nǐ zuìjìn zěnmeyàng?
王平	Hái kěyǐ. Nǐ ne? Zuìjìn máng bu máng?
金明哲	Hěn máng. Wǒ zuìjìn xuéxí Hànyǔ
王平	Hànyǔ yǒu yìsi ma?
金明哲	Fēicháng yǒu yìsi.
王平	Nǐ yào hē shénme?
金明哲	Lái bēi kāfēi ba.
王平	Hǎo de.

▶ 회화 2

Jīntiān shàngwǔ wǒ hé Wáng Píng qù le kāfēitīng. Wǒ hē kāfēi, tā yě hē kāfēi. Zuìjìn wǒ hěn máng, kěshì xuéxí Hànyǔ fēicháng yǒu yìsi.

Lesson 05 .... 51p

▶ 회화 1

高秀英	Zhāng Lì, nà shì shénme?
张丽	Nà shì wǒ jiā de quánjiāfú.
高秀英	Shì ma? Wǒ kànkan, nǐ jiā yǒu wǔ kǒu rén a! Zhè shì shéi?
张丽	Zhè shì wǒ jiějie.
高秀英	Tā shì dàxuéshēng ba?
张丽	Bú shì, tā yǐjīng gōngzuò le.
高秀英	Zhè shì nǐ dìdi ba? Tā duō dà le?
张丽	Shíyī suì le.

▶ 회화 2

　Zhè shì Zhāng Lì jiā de quánjiāfú, tā jiā yǒu wǔ kǒu rén. Bàba、māma、jiějie、dìdi hé tā. Tā jiějie yǐjīng gōngzuò le, tā dìdi shíyī suì le.

Lesson 06 ·················· 71p

▶ 회화 1

张丽　Míngzhé, bā yuè sān hào shì wǒ de shēngrì, nà tiān nǐ yǒu shì ma?
金明哲　Shì ma? Nà tiān shì xīngqī jǐ? Shì zhè ge xīngqīsì ma? Wǒ yǒu shíjiān.
张丽　Nà tiān wǒ qǐng nǐ chī fàn, zěnmeyàng?
金明哲　Fēicháng hǎo! Xièxie.
张丽　Nǐ xǐhuan chī zhōngguócài háishi hánguócài?
金明哲　Wǒ shì Hánguórén, kěshì wǒ hěn xǐhuan chī zhōngguócài.
张丽　Hǎo, nà wǒmen chī zhōngguócài ba. Jǐ diǎn jiàn?
金明哲　Liù diǎn bàn zěnmeyàng?
张丽　Hǎo, xīngqīsì wǎnshang liù diǎn bàn jiàn.

▶ 회화 2

　Bā yuè sān hào shì xīngqīsì, nà tiān shì Zhāng Lì de shēngrì. Nà tiān tā yào qǐng wǒ chī zhōngguócài. Wǒmen dǎsuàn xīngqīsì wǎnshang liù diǎn bàn jiàn.

Lesson 07 ·················· 81p

▶ 회화 1

金明哲　Wéi, Zhāng lǎoshī zài ma?
张老师　Wǒ jiù shì. Nín shì nǎ wèi?
金明哲　Lǎoshī, nín hǎo, wǒ shì Jīn Míngzhé.
张老师　Míngzhé, nǐ hǎo, yǒu shìr ma?
金明哲　Wǒ xiǎng wèn nín jǐ ge wèntí. Míngtiān nín yǒu kòngr ma?

张老师　Míngtiān shàngwǔ wǒ yǒu liǎng jié kè, liǎng diǎn yǐhòu cái yǒu kòngr.
金明哲　Yàoshi nín fāngbiàn, liǎng diǎn bàn dao nín de bàngōngshì, xíng ma?
张老师　Méi wèntí. Nà wǒ zài bàngōngshì děng nǐ.
金明哲　Xièxie nín.

▶ 회화 2

　Jīntiān xiàwǔ Jīn Míngzhé gěi Zhāng lǎoshī dǎ diànhuà. Tā wèn lǎoshī míngtiān yǒu méiyǒu kòngr. Zhāng lǎoshī shuō, míngtiān shàngwǔ yǒu liǎng jié kè, liǎng diǎn yǐhòu cái yǒu kòngr. Jīn Míngzhé dǎsuàn liǎng diǎn bàn dào Zhāng lǎoshī de bàngōngshì jiàn lǎoshī.

Lesson 08 ·················· 91p

▶ 회화 1

高秀英　Zhāng Lì, wǒmen xuéxiào zhēn dà a!
张丽　Shì ba? Xiàoyuán yòu gānjìng yòu piàoliang.
高秀英　Chāoshì zài nǎr?
张丽　Chāoshì zài yínháng de nánbianr.
高秀英　Nǎ zuò lóu shì yínháng? Zhè shì shénme dìfang?
张丽　Dōngbianr de nà zuò lóu jiù shì yínháng, zhè shì shūdiàn.
高秀英　Wǒ yào qù shūdiàn mǎi shū, hái yào mǎi wénjù.
张丽　Nà wǒmen yìqǐ qù ba.
高秀英　Tài hǎo le, zǒu ba.

▶ 회화 2

　Wǒmen xuéxiào de xiàoyuán hěn dà. Xiàoyuán lǐ yǒu chāoshì、yínháng、shūdiàn děng. Wǒ yào qù shūdiàn mǎi shū, hái yào mǎi wénjù. Zhāng Lì yě yào hé wǒ yìqǐ qù shūdiàn.

본문 한어병음

Lesson 09 .... 101p

▶ 회화 1

金明哲　Wáng Píng, nǐ zài zuò shénme ne?
王平　　Wǒ zài kàn shū ne, xià ge xīngqī yǒu kǎoshì.
金明哲　Wǒ yào chūqù mǎi diǎr shuǐguǒ, yàoshi nǐ yǒu shíjiān, jiù gēn wǒ yìqǐ qù ba.
王平　　Xíng, nǐ děng yíxià, wǒ huàn yíxià yīfu. Nǐ xiǎng mǎi shénme shuǐguǒ?
金明哲　Wǒ yào mǎi píngguǒ hé xiāngjiāo.
王平　　Wǒ yě mǎi diǎnr. Shùnbiàn qù gōngyuán sànbù, zěnmeyàng?
金明哲　Hǎo, zhèyàng ba, wǒmen xiān qù gōngyuán, ránhòu huílai de shíhou zài mǎi shuǐguǒ.
王平　　Hǎo zhǔyi! Nà wǒmen xiànzài jiù zǒu ba.

▶ 회화 2

　Jīntiān xiàwǔ wǒ dǎsuàn mǎi shuǐguǒ. Wǒ xiǎng gēn Wáng Píng yìqǐ qù. Wǒ dào Wáng Píng jiā zhǎo tā de shíhou, tā zài kàn shū. Wǒmen juédìng yìqǐ xiān qù gōngyuán sànbù, ránhòu huílai de shíhou shùnbiàn zài mǎi shuǐguǒ.

Lesson 10 .... 111p

▶ 회화 1

售货员　Nín hǎo! Yào mǎi shénme?
金明哲　Yào mǎi diǎnr píngguǒ. Duōshao qián yì jīn?
售货员　Sān kuài qián yì jīn.
金明哲　Tài guì le, néng bu néng piányi diǎnr ne?
售货员　Nín kàn, zhè xiē píngguǒ duō xīnxiān a! Bú guì. Lái, chángchang jiù zhīdao le.
金明哲　Hǎochī shì hǎochī, búguò yǒudiǎnr guì.
售货员　Liǎng kuài wǔ yì jīn, xíng ma?
金明哲　Hǎo de, yào liǎng jīn. Gěi nín shí kuài qián.
售货员　Yígòng wǔ kuài, zhǎo nín wǔ kuài. Xièxie nín. Huānyíng xiàcì zài lái.

▶ 회화 2

　Jīn Míngzhé hé Wáng Píng qù shìchǎng mǎi píngguǒ. Píngguǒ yòu hǎochī yòu xīnxiān, kěshì tāmen juéde yǒudiǎnr guì. Shòuhuòyuán dǎzhé hòu, tāmen cái mǎi. Liǎng jīn píngguǒ yígòng wǔ kuài qián.

본문 해석

Lesson 01 .... 11p

▶ 회화 1

나는 너를 사랑해.
그는 너를 사랑해.

언니는 너를 사랑해.
엄마도 너를 사랑해.

그는 나를 사랑해.
우리 모두 너를 사랑해.

▶ 회화 2

나는 너를 사랑해, 그녀도 너를 사랑해, 우리 모두 너를 사랑해.

Lesson 02 .... 21p

▶ 회화 1

왕핑   안녕하세요!
고수영 안녕하세요!
왕핑   실례지만, 성이 어떻게 되세요?
고수영 저는 고씨이고, 고수영이라고 합니다. 당신은요?
왕핑   저는 왕씨이고, 왕핑이라고 합니다. 당신은 한국인이신가요?
고수영 맞아요, 저는 한국인이에요. 당신은 어느 나라 사람인가요?
왕핑   저는 중국인입니다.

▶ 회화 2

여러분 안녕하세요! 저는 고수영이라고 하고, 한국인입니다. 저의 친구는 왕씨이고, 왕핑이라고 하며, 그는 중국인입니다.

Lesson 03 .... 31p

▶ 회화 1

장리   명철, 좋은 아침!
김명철 좋은 아침! 너 어디 가니?
장리   나는 도서관에 가. 너도 도서관에 가니?
김명철 나는 도서관에 가지 않고, 교실에 가.
장리   그래? 내일은 도서관에 오니?
김명철 와.
장리   그럼 내일 만나자.
김명철 좋아, 안녕!

▶ 회화 2

오늘 아침 나는 교실에 갔고, 장리는 도서관에 갔다. 우리는 내일 다시 만날 계획이다.

Lesson 04 .... 41p

▶ 회화 1

김명철 안녕, 왕핑! 요즘 좀 어때?
왕핑   그럭저럭 괜찮아. 너는? 요즘 바쁘니 안 바쁘니?
김명철 아주 바빠. 나는 요즘 중국어를 공부하고 있어.
왕핑   중국어 공부하는 것 재미있니?
김명철 정말 재미있어.
왕핑   너 뭐 마실래?
김명철 커피 한 잔 할게.
왕핑   그래.

▶ 회화 2

오늘 오전 나는 왕핑과 카페에 갔다. 나는 커피를 마시고, 그도 커피를 마셨다. 요즘 나는 바쁘지만 중국어 공부하는 것이 정말 재미있다.

Lesson 05 .... 51p

▶ 회화 1

고수영 장리야, 저게 뭐니?
장리   저 건 우리 집 가족사진이야.
고수영 그래? 좀 보자. 너희 가족은 다섯 식구구나! 이 사람은 누구야?
장리   이 사람은 나의 언니야.
고수영 그녀는 대학생이지?
장리   아니야. 그녀는 이미 일하고 있어.

고수영　여기는 너의 남동생이지? 몇 살이야?
장리　　열한 살 됐어.

▶ 회화 2
　　이것은 장리네 가족사진이다. 그녀의 집은 다섯 식구가 있다. 아빠, 엄마, 언니, 남동생 그리고 그녀이다. 그녀의 언니는 이미 일하고, 그녀의 남동생은 열한 살이다.

Lesson 06 ……………………… 71p

▶ 회화 1
장리　　명철아, 8월 3일은 내 생일이야. 그날 너 일 있니?
김명철　그래? 그날 무슨 요일이야? 이번 주 목요일이니? 나 시간 있어.
장리　　그날 내가 너 식사 초대하고 싶은데, 어때?
김명철　정말 좋아! 고마워.
장리　　너 중국음식 좋아해 아니면 한국음식 좋아해?
김명철　나는 한국 사람이지만 중국음식 좋아해.
장리　　좋아, 그럼 우리 중국음식 먹자. 몇 시에 만나?
김명철　여섯 시 반 어때?
장리　　좋아, 목요일 저녁 여섯 시 반에 봐.

▶ 회화 2
　　8월 3일은 목요일이고, 그날은 장리의 생일이다. 그날 그녀는 나에게 중국음식을 사주려고 한다. 우리는 목요일 저녁 여섯 시 반에 만날 계획이다.

Lesson 07 ……………………… 81p

▶ 회화 1
김명철　여보세요, 장 선생님 계세요?
장 선생님　바로 접니다. 누구세요?
김명철　선생님, 안녕하세요. 저는 김명철입니다.
장 선생님　명철, 안녕, 무슨 일 있어요?
김명철　제가 몇 가지 질문을 드리고 싶어서요. 내일 시간 있으세요?
장 선생님　내일 오전 수업이 두 교시 있어서 두 시 이후에나 시간이 있어요.

김명철　만약 괜찮으시면, 두 시 반에 선생님 사무실에 가도 될까요?
장 선생님　괜찮아요. 그럼 내가 사무실에서 기다리고 있을게요.
김명철　감사합니다.

▶ 회화 2
　　오늘 오후 김명철은 장 선생님께 전화를 걸었다. 그는 선생님께 내일 시간이 있는지 없는지 여쭤봤다. 장 선생님께서는 내일 오전에 수업 두 교시가 있어서 두 시 이후에야 시간이 있다고 말씀하셨다. 김명철은 두 시 반에 장 선생님의 사무실에 도착해서 선생님을 뵐 예정이다.

Lesson 08 ……………………… 91p

▶ 회화 1
고수영　장리, 우리 학교 정말 크다!
장리　　그렇지? 캠퍼스가 깨끗하고 예뻐.
고수영　슈퍼마켓은 어디에 있어?
장리　　슈퍼마켓은 은행의 남쪽에 있어.
고수영　어느 건물이 은행이야? 여기는 어디야?
장리　　동쪽의 저 건물이 바로 은행이고, 여기는 서점이야.
고수영　나는 서점에 가서 책 사고, 문구도 사려고 해.
장리　　그럼 우리 함께 가자.
고수영　정말 잘 됐다. 가자.

▶ 회화 2
　　우리 학교의 캠퍼스는 크다. 캠퍼스 안에는 슈퍼마켓, 은행, 서점 등이 있다. 나는 서점에 가서 책을 사고 또 학용품도 사려고 한다. 장리도 나와 함께 서점에 가려고 한다.

Lesson 09 ……………………… 1p

▶ 회화 1
김명철　왕핑, 너 뭐하고 있니?
왕핑　　나 책 보고 있어, 다음 주에 시험이 있거든.
김명철　나는 과일 좀 사러 나가려고 하는데, 만약 너

	시간 있으면 나랑 함께 가자.
왕핑	좋아. 잠깐 기다려, 나 옷 좀 갈아입을게. 너는 무슨 과일 사고 싶은데?
김명철	나는 사과와 바나나를 사려고 해.
왕핑	나도 좀 사야지. 가는 김에 공원에 가서 산책하는 거 어때?
김명철	좋아, 이렇게 하자. 우리 먼저 공원에 갔다가 그 다음 돌아올 때 과일 사자.
왕핑	좋은 생각이야! 그럼 우리 지금 바로 가자.

▶ **회화 2**

오늘 오후에 나는 과일을 사러 가려 했다. 나는 왕핑과 함께 가고 싶었다. 내가 왕핑 집에 도착해서 그를 찾았을 때, 그는 책을 보고 있었다. 우리는 우선 함께 공원에 가서 산책하고, 그 다음 돌아올 때 과일을 사기로 결정했다.

Lesson 10 ················ 111p

▶ **회화 1**

판매원	안녕하세요! 뭐 사시겠어요?
왕핑	사과 좀 사려고요. 한 근에 얼마예요?
판매원	한 근에 3위안이에요.
왕핑	너무 비싸네요, 좀 저렴하게 해주실 수 있나요?
판매원	보세요, 이 사과 얼마나 신선한데요! 비싸지 않아요. 자, 맛을 좀 보시면 알게 될 거예요.
왕핑	맛있기는 맛있지만 좀 비싸요.
판매원	한 근에 2.5위안이면 어때요?
왕핑	좋아요. 두 근 주세요. 10위안 드릴게요.
판매원	모두 5위안이에요. 5위안 거슬러드릴게요. 고마워요. 다음에 또 오세요.

▶ **회화 2**

김명철과 왕핑은 사과를 사러 시장에 갔다. 사과가 맛있고 신선했지만 그들은 좀 비싸다고 생각했다. 판매원이 할인을 해준 후에 그들은 비로소 샀다. 사과 두 근은 모두 5위안이었다.

정답과 스크립트

Lesson 01 .... 16p

01
① 爱, 也
② 爱, 爱
③ 我们
④ 我们也都爱他们。

02 **P** Wǒ ài nǐ, tā yě ài nǐ, wǒmen dōu ài nǐ.
C 我爱你，她也爱你，我们都爱你。

Lesson 02 .... 26p

01
① 姓, 姓
② 韩国人, 韩国人
③ 哪, 中国人
④ 叫, 叫

02 **P** Dàjiā hǎo! Wǒ jiào Gāo Xiùyīng, wǒ shì Hánguórén. Wǒ de péngyou xìng Wáng, jiào Wáng Píng, tā shì Zhōngguórén.
C 大家好！我叫高秀英，我是韩国人。我的朋友姓王，叫王平，他是中国人。

Lesson 03 .... 36p

01
① 哪儿, 图书馆
② 不
③ 来, 来
④ 明天, 明天

02 **P** Jīntiān zǎoshang wǒ qù jiàoshì, Zhāng Lì qù túshūguǎn. Wǒmen dǎsuàn míngtiān zàijiàn.
C 今天早上我去教室，张丽去图书馆。我们打算明天再见。

Lesson 04 .... 46p

01
① 最近, 还
② 忙不忙
③ 有意思, 有意思
④ 要, 杯

02 **P** Jīntiān shàngwǔ wǒ hé Wáng Píng qù le kāfēitīng. Wǒ hē kāfēi, tā yě hē kāfēi. Zuìjìn wǒ hěn máng, kěshì xuéxí Hànyǔ fēicháng yǒu yìsi.
C 今天上午我和王平去了咖啡厅。我喝咖啡，他也喝咖啡。最近我很忙，可是学习汉语非常有意思。

Lesson 05 .... 56p

01
① 口, 口
② 和
③ 今年
④ 已经

02 **P** Zhè shì Zhāng Lì jiā de quánjiāfú, tā jiā yǒu wǔ kǒu rén. Bàba、māma、jiějie、dìdi hé tā. Tā jiějie yǐjīng gōngzuò le, tā dìdi shíyī suì le.
C 这是张丽家的全家福，她家有五口人。爸爸、妈妈、姐姐、弟弟和她。她姐姐已经工作了，她弟弟十一岁了。

복습 1 .... 60p

▶ 말하기 연습

01 A 妈妈、爸爸爱你们。
B 我们也爱妈妈、爸爸(你们)。

02 A 你们也爱他吗?
B 我们都爱他。

03 A 请问，您贵姓?
B 我姓高，叫高秀英。

04 A 我是韩国人。您是哪国人?
B 我是中国人。

05 A 早上好！你去哪儿?
B 我去教室。

06 A 明天天你来图书馆吗？
　　 B 来。

07 A 最近忙不忙？
　　 E 很忙。

08 A 王平，你要喝什么？
　　 E 来杯咖啡吧。

09 A 你家有几口人？
　　 E 我家有三口人。

10 F 你弟弟多大了？
　　 E 十一岁了。

▶ 듣기 연습

01 ② 　我很相信爸爸和妈妈。
02 ① 　你叫什么名字？
03 ③ 　你去哪儿？
04 ④ 　你要看什么？
05 ② 　他是谁？

▶ 문장 쓰기 연습

01 　Wǒ ài nǐ.
　　　我爱你。

02 　Bàba yě ài nǐ.
　　　爸爸也爱你。

03 　Māma、bàba yě xiāngxìn nǐ.
　　　妈妈、爸爸也相信你。

04 P Wǒmen dōu xiāngxìn nǐmen.
　　 C 我们都相信你们。

05 P Wǒ bú shì Zhōngguórén, shì Hánguórén.
　　 C 我不是中国人，是韩国人。

06 P Nǐ de lǎoshī shì nǎ guó rén?
　　 C 你的老师是哪国人？

07 P Tā yě shì xuésheng ma?
　　 C 他也是学生吗？

08 P Tāmen dōu shì lǎoshī ma?
　　 C 他们都是老师吗？

09 P Nǐ hǎo!
　　 C 你好！

10 P Nà wǒmen qù jiàoshì ba.
　　 C 那我们去教室吧。

11 P Tā bú qù Zhōngguó.
　　 C 他不去中国。

12 P Tāmen dǎsuàn zài lái.
　　 C 他们打算再来。

13 P Xuéxí Hànyǔ fēicháng yǒu yìsi.
　　 C 学习汉语非常有意思。

14 P Bàba zuìjìn zěnmeyàng?
　　 C 爸爸最近怎么样？

15 P Nǐ lèi bu lèi?
　　 C 你累不累？

16 P Nǐ yào hē shénme kāfēi?
　　 C 你要喝什么咖啡？

17 P Nǐ jiā yǒu jǐ kǒu rén?
　　 C 你家有几口人？

18 P Zhè shì wǒ jiā de quánjiāfú.
　　 C 这是我家的全家福。

19 P Tā yǐjīng gōngzuò le.
　　 C 她已经工作了。

20 P Nǐ dìdi duōdà le?
　　 C 你弟弟多大了？

Lesson 06 .... 76p

01 ① 几，几
　　 ② 有
　　 ③ 怎么样
　　 ④ 还是

02 P Bā yuè sān hào shì xīngqīsì, nà tiān shì Zhōng Lì de shēngrì. Nà tiān tā yào qǐng wǒ chī zhōngguócài. Wǒmen dǎsuàn xīngqīsì wǎnshang liù diǎn bàn jiàn.

정답과 스크립트

<blockquote>

ⓒ 八月三号是星期四，那天是张丽的生日。那天她要请我吃中国菜。我们打算星期四晚上六点半见。

</blockquote>

Lesson 07 .... 86p

01 ① 在，就
② 空儿，空儿
③ 想问，什么
④ 哪儿，办公室

02 ⓟ Jīntiān xiàwǔ Jīn Míngzhé gěi Zhāng lǎoshī dǎ diànhuà. Tā wèn lǎoshī míngtiān yǒu méiyǒu kòngr. Zhāng lǎoshī shuō, míngtiān shàngwǔ yǒu liǎng jié kè, liǎng diǎn yǐhòu cái yǒu kòngr. Jīn Míngzhé dǎsuàn liǎng diǎn bàn dào Zhāng lǎoshī de bàngōngshì jiàn lǎoshī.

ⓒ 今天下午金明哲给张老师打电话。他问老师明天有没有空儿。张老师说，明天上午有两节课，两点以后才有空儿。金明哲打算两点半到张老师的办公室见老师。

Lesson 08 .... 96p

01 ① 又，又，太，了
② 在，在
③ 有，有，等
④ 要

02 ⓟ Wǒmen xuéxiào de xiàoyuán hěn dà. Xiàoyuán lǐ yǒu chāoshì、yínháng、shūdiàn děng. Wǒ yào qù shūdiàn mǎi shū, hái yào mǎi wénjù. Zhāng Lì yě yào hé wǒ yìqǐ qù shūdiàn.

ⓒ 我们学校的校园很大。校园里有超市、银行、书店等。我要去书店买书，还要买文具。张丽也要和我一起去书店。

Lesson 09 .... 106p

01 ① 在，在
② 水果
③ 顺便
④ 先

02 ⓟ Jīntiān xiàwǔ wǒ dǎsuàn mǎi shuǐguǒ. Wǒ xiǎng gēn Wáng Píng yìqǐ qù. Wǒ dào Wáng Píng jiā zhǎo tā de shíhou, tā zài kàn shū. Wǒmen juédìng yìqǐ xiān qù gōngyuán sànbù, ránhòu huílai de shíhou shùnbiàn zài mǎi shuǐguǒ.

ⓒ 今天下午我打算买水果。我想跟王平一起去。我到王平家找他的时候，他在看书。我们决定一起先去公园散步，然后回来的时候顺便再买水果。

Lesson 10 .... 116p

01 ① 多少钱
② 能不能
③ 找
④ 觉得

02 ⓟ Jīn Míngzhé hé Wáng Píng qù shìchǎng mǎi píngguǒ. Píngguǒ yòu hǎochī yòu xīnxiān, kěshì tāmen juéde yǒudiǎn guì. Shòuhuòyuán dǎzhé hòu, tāmen cái mǎi. Liǎng jīn píngguǒ, yígòng wǔ kuài qián.

ⓒ 金明哲和王平去市场买苹果。苹果又好吃又新鲜，可是他们觉得有点儿贵。售货员打折后，他们才买。两斤苹果一共五块钱。

복습 2 .... 120p

▶ 말하기 연습

01 A 今天几月几号？
B 今天九月八号。

02 A 今天星期几？
B 今天星期六。

03 A 喂，张老师在吗?
   B 我就是。您是哪位?

04 A 我想问您几个问题。明天您有空儿吗?
   B 明天上午有课，两点以后才有空儿。

05 A 我们学校真大啊!
   B 是吧? 校园又干净又漂亮。

06 A 超市在哪儿?
   B 超市在银行的南边儿。

07 A 王平，你在做什么呢?
   B 我在看书呢。

08 A 我要出去买点儿水果。
   B 你等一下，我换一下衣服。

09 A 这个多少钱?
   B 那个十块钱。

10 A 太贵了，能不能便宜点儿呢?
   B 这个多新鲜啊! 不贵。

▶ 듣기 연습

01 ② 妈妈的生日是几月几号?
02 ① 要是您方便，明天到您的办公室，行吗?
03 ③ 书店在哪儿? 我要去书店买书。
04 ④ 你在做什么呢?
05 ② 请问，这个多少钱?

▶ 문장 쓰기 연습

01 P Nǐ de shēngrì jǐ yuè jǐ hào?
   C 你的生日几月几号?

02 P Jīntiān xīngqī jǐ?
   C 今天星期几?

03 P Nǐ yào huíjiā háishi hē kāfēi?
   C 你要回家还是喝咖啡?

04 P Wǒmen jǐ diǎn jiàn?
   C 我们几点见?

05 P Wéi, Zhāng lǎoshī zài ma?
   C 喂，张老师在吗?

06 P Wǒ wèn nín jǐ ge wèntí.
   C 我问您几个问题。

07 P Míngtiān yǒu kòngr ma?
   C 明天有空儿吗?

08 P Míngtiān yǒu liǎng jié kè, liǎng diǎn yǐhòu cái yǒu kòngr.
   C 明天有两节课，两点以后才有空儿。

09 P Xiàoyuán yòu dà yòu piàoliang.
   C 校园又大又漂亮。

10 P Chāoshì zài xuéxiào de nánbianr.
   C 超市在学校的南边儿。

11 P Nǎ zuò lóu shì yínháng?
   C 哪座楼是银行?

12 P Wǒ yào qù shūdiàn mǎi shū, hái yào mǎi wénjù.
   C 我要去书店买书，还要买文具。

13 P Nǐ zai zuò shénme ne?
   C 你在做什么呢?

14 P Wǒ zài kàn shū ne, xià ge xīngqī yǒu kǎoshì.
   C 我在看书呢，下个星期有考试。

15 P Wǒ yào qù shìchǎng, shùnbiàn qù gōngyuán sànbù, zěnmeyàng?
   C 我要去市场，顺便去公园散步，怎么样?

16 P Wǒmen xiān qù gōngyuán, ránhòu huílai de shíhou zài mǎi shuǐguǒ.
   C 我们先去公园，然后回来的时候再买水果。

17 P Tài guì le, néng bu néng piányi diǎnr ne?
   C 太贵了，能不能便宜点儿呢?

18 P Nín kàn, duō xīnxiān a! Bú guì.
   C 您看，多新鲜啊! 不贵。

19 P Hǎochī shì hǎochī, búguò yǒudiǎnr guì.
   C 好吃是好吃，不过有点儿贵。

20 P Yígòng shí kuài qián, zhǎo nín liǎng kuài qián.
   C 一共十块钱，找您两块钱。

단어 색인

A

爱	ài	12(1과)
安静	ānjìng	117(10과)

B

八	bā	52(5과)
爸爸	bàba	12(1과)
吧	ba	32(3과), 52(5과)
白酒	báijiǔ	117(10과)
百	bǎi	52(5과)
半	bàn	72(6과)
办公室	bàngōngshì	82(7과)
包	bāo	104(9과)
杯	bēi	53(5과)
北边儿	běibianr	92(8과)
北京	Běijīng	104(9과)
本	běn	53(5과)
本子	běnzi	94(8과)
笔	bǐ	94(8과)
不	bù	32(3과)
不过	búguò	112(10과)

C

才	cái	82(7과)
菜	cài	47(4과)
茶	chá	47(4과)
差	chà	74(6과)
尝	cháng	112(10과)
唱歌儿	chànggēr	34(3과)
超市	chāoshì	92(8과)
炒饭	chǎofàn	94(8과)
吃	chī	37(3과)
出去	chūqù	102(9과)

D

大	dà	47(4과)
打	dǎ	82(7과)
打算	dǎsuàn	32(3과)
打折	dǎzhé	112(10과)
大家	dàjiā	22(2과)
大学生	dàxuéshēng	52(5과)
到	dào	82(7과)
的	de	22(2과), 124(4과)
等	děng	82(7과), 32(8과)
弟弟	dìdi	52(5과)
地方	dìfang	92(8과)
点	diǎn	72(6과)
点儿	diǎnr	102(9과)
电话	diànhuà	82(7과)
电视	diànshì	103(9과)
电影	diànyǐng	77(6과)
东边儿	dōngbianr	92(8과)
东西	dōngxi	103(9과)
都	dōu	12(1과)
短信	duǎnxìn	84(7과)
对面	duìmiàn	92(8과)
多	duō	47(4과), 52(5과)
多少	duōshao	112(10과)

E

二	èr	52(5과)

F

发	fā	84(7과)
饭	fàn	44(4과)
方便	fāngbiàn	82(7과)
非常	fēicháng	42(4과)
分	fēn	74(6과), 130(10과)

G

干净	gānjìng	92(8과)
高秀英	Gāo Xiùyīng	22(2과)
告诉	gàosu	83(7과)
哥哥	gēge	53(5과)
个	gè	53(5과)
给	gěi	82(7과)
跟	gēn	102(9과)
公园	gōngyuán	102(9과)
工作	gōngzuò	52(5과)
贵	guì	22(2과)

H

还	hái	42(4과), 92(8과)
还是	háishi	72(6과)
海鲜	hǎixiān	117(10과)
韩国	Hánguó	22(2과)
汉堡包	hànbǎobāo	117(10과)
汉语	Hànyǔ	42(4과)
汉字	hànzì	47(4과)
好	hǎo	22(2과)
好吃	hǎochī	93(8과)
好看	hǎokàn	47(4과)
号	hào	72(6과)
喝	hē	37(3과)
和	hé	42(4과)
很	hěn	42(4과)
厚	hòu	93(8과)
后边儿	hòubianr	92(8과)
话	huà	47(4과)
画画儿	huàhuàr	117(10과)
欢迎	huānyíng	103(9과)
换	huàn	102(9과)
回国	huíguó	103(9과)
回家	huíjiā	33(3과)
回来	huílai	102(9과)

J

几	jǐ	53(5과)
家	jiā	52(5과), 94(8과)
见	jiàn	32(3과)
件	jiàn	83(7과)
教	jiāo	83(7과)
角	jiǎo	113(10과)
饺子	jiǎozi	94(8과)
叫	jiào	22(2과)
节	jié	82(7과)
姐姐	jiějie	52(5과)
斤	jīn	112(10과)
金明哲	Jīn Míngzhé	32(3과)
今年	jīnnián	54(5과)
今天	jīntiān	32(3과)
九	jiǔ	52(5과)
酒	jiǔ	47(4과)
就	jiù	82(7과)
觉得	juéde	112(10과)
决定	juédìng	102(9과)

K

咖啡	kāfēi	42(4과)
咖啡厅	kāfēitīng	42(4과)
开车	kāichē	117(10과)
开会	kāihuì	103(9과)
看	kàn	17(1과)
考试	kǎoshì	102(9과)
可爱	kě'ài	114(10과)
可是	kěshì	42(4과)
可以	kěyǐ	42(4과)
刻	kè	74(6과)
课	kè	82(7과)
空儿	kòngr	82(7과)
口	kǒu	52(5과)
块	kuài	112(10과)

단어 색인

L

来	lái	32(3과)
老师	lǎoshī	27(2과)
了	le	42(4과)
累	lèi	43(4과)
李	Lǐ	23(2과)
里	lǐ	92(8과)
里边儿	lǐbianr	92(8과)
两	liǎng	53(5과)
零	líng	52(5과)
六	liù	52(5과)
楼	lóu	92(8과)
乱	luàn	93(8과)

M

妈妈	māma	12(1과)
吗	ma	22(2과)
买	mǎi	47(4과)
慢	màn	117(10과)
忙	máng	42(4과)
毛	máo	112(10과)
美	měi	94(8과)
没有	méiyǒu	57(5과)
美国	Měiguó	74(6과)
妹妹	mèimei	77(6과)
面包	miànbāo	103(9과)
明年	míngnián	83(7과)
明天	míngtiān	32(3과)
名字	míngzi	23(2과)

N

哪	nǎ	22(2과)
那	nà	32(3과), 52(5과)
那天	nà tiān	72(6과)
南边儿	nánbianr	92(8과)
哪儿	nǎr	32(3과)
那儿	nàr	93(8과)
呢	ne	22(2과)
能	néng	112(10과)
你	nǐ	12(1과)
你们	nǐmen	12(1과)
您	nín	22(2과)

P

旁边	pángbiān	92(8과)
胖	pàng	47(4과)
朋友	péngyou	22(2과)
便宜	piányi	93(8과)
漂亮	piàoliang	92(8과)
苹果	píngguǒ	102(9과)

Q

七	qī	52(5과)
千	qiān	52(5과)
钱	qián	57(5과)
前边儿	qiánbianr	92(8과)
请	qǐng	72(6과)
请客	qǐngkè	73(6과)
请问	qǐngwèn	22(2과)
去	qù	32(3과)
全家福	quánjiāfú	52(5과)

R

然后	ránhòu	102(9과)
人	rén	22(2과)
如果	rúguǒ	84(7과)

S

三	sān	52(5과)
散步	sànbù	102(9과)
上海	Shànghǎi	104(9과)
上午	shàngwǔ	32(3과)
谁	shéi	52(5과)
什么	shénme	23(2과)
生日	shēngrì	72(6과)
声音	shēngyīn	94(8과)
十	shí	52(5과)
时候	shíhou	102(9과)
时间	shíjiān	72(6과)
事(儿)	shì	72(6과)
是	shì	22(2과)
市场	shìchǎng	112(10과)
售货员	shòuhuòyuán	112(10과)
书	shū	34(3과)
书店	shūdiàn	92(8과)
水	shuǐ	44(4과)
水果	shuǐguǒ	93(8과)
顺便	shùnbiàn	102(9과)
说	shuō	44(4과)
四	sì	52(5과)
岁	suì	52(5과)

T

他	tā	12(1과)
她	tā	12(1과)
他们	tāmen	12(1과)
她们	tāmen	12(1과)
太	tài	92(8과)
讨论	tǎolùn	104(9과)
天气	tiānqì	114(10과)
听	tīng	37(3과)
图书馆	túshūguǎn	32(3과)

W

外边儿	wàibianr	92(8과)
万	wàn	52(5과)
王平	Wáng Píng	22(2과)
喂	wéi, wèi	82(7과)
位	wèi	82(7과)
温柔	wēnróu	117(10과)
文具	wénjù	92(8과)
问	wèn	82(7과)
问题	wèntí	82(7과)
我	wǒ	12(1과)
我们	wǒmen	12(1과)
五	wǔ	52(5과)

X

西边儿	xībianr	92(8과)
喜欢	xǐhuan	72(6과)
下	xià	102(9과)
下次	xiàcì	103(9과)
先	xiān	102(9과)
羡慕	xiànmù	53(5과)
现在	xiànzài	74(6과)
香蕉	xiāngjiāo	102(9과)
相信	xiāngxìn	17(1과)
想	xiǎng	73(6과)
小心	xiǎoxīn	117(10과)
校园	xiàoyuán	92(8과)
些	xiē	112(10과)
写	xiě	104(9과)
谢谢	xièxie	72(6과)
新鲜	xīnxiān	112(10과)
星期	xīngqī	72(6과)
星期二	xīngqī'èr	72(6과)
星期六	xīngqīliù	72(6과)
星期三	xīngqīsān	72(6과)

단어 색인

星期四	xīngqīsì	72(6과)
星期天(日)	xīngqītiān(rì)	72(6과)
星期五	xīngqīwǔ	72(6과)
星期一	xīngqīyī	72(6과)
行	xíng	82(7과)
姓	xìng	22(2과)
休息	xiūxi	104(9과)
学	xué	37(3과)
学生	xuésheng	27(2과)
学习	xuéxí	42(4과)
学校	xuéxiào	32(3과)
雪	xuě	54(5과)

Y

要	yào	42(4과)
要是	yàoshi	82(7과)
也	yě	12(1과)
一	yī	52(5과)
衣服	yīfu	102(9과)
椅子	yǐzi	97(8과)
一共	yígòng	112(10과)
以后	yǐhòu	82(7과)
已经	yǐjīng	52(5과)
一起	yìqǐ	85(7과)
音乐	yīnyuè	47(4과)
银行	yínháng	92(8과)
英国	Yīngguó	24(2과)
英语	Yīngyǔ	77(6과)
有	yǒu	52(5과)
有点儿	yǒudiǎnr	112(10과)
有意思	yǒu yìsi	42(4과)
又…又…	yòu…yòu…	92(8과)
右边儿	yòubianr	92(8과)
元	yuán	113(10과)
远	yuǎn	47(4과)
月	yuè	72(6과)

Z

再	zài	32(3과)
在	zài	82(7과), 그2(9과)
脏	zāng	93(8과)
早上	zǎoshang	32(3과)
怎么样	zěnmeyàng	42(4과)
站	zhàn	103(9과)
张丽	Zhāng Lì	32(3과)
找	zhǎo	102(9과), 112(10과)
这	zhè	52(5과)
这就	zhè jiù	102(9과)
这儿	zhèr	93(8과)
这样	zhèyàng	102(9과)
真	zhēn	53(5과)
整	zhěng	74(6과)
挣钱	zhèngqián	103(9과)
知道	zhīdao	83(7과)
中国	Zhōngguó	22(2과)
中间	zhōngjiān	92(8과)
中午	zhōngwǔ	32(3과)
中央	zhōngyāng	92(8과)
重	zhòng	93(8과)
周二	zhōu'èr	72(6과)
周六	zhōuliù	72(6과)
周日	zhōurì	72(6과)
周三	zhōusān	72(6과)
周四	zhōusì	72(6과)
周五	zhōuwǔ	72(6과)
周一	zhōuyī	72(6과)
桌子	zhuōzi	97(8과)
主意	zhǔyi	102(9과)
走	zǒu	92(8과)
最近	zuìjìn	42(4과)
昨天	zuótiān	77(6과)
左边儿	zuǒbianr	92(8과)
做	zuò	85(7과)
座	zuò	92(8과)

memo

memo

| 중국어뱅크 |

이미경 지음

동양북스

Lesson 01 | 我爱你。

说一说

1. 다음 한어병음을 발음해보세요. 🎧 W01-01

1) tā	nín	wǒ	ài
2) jīntiān	fēicháng	hēibǎn	gōngzuò
3) túshū	xuéxí	píngděng	xuéxiào
4) Běijīng	jiějué	biǎoyǎn	dǎsuàn
5) dàjiā	bàomíng	shàngwǔ	zuìjìn
6) māma	péngyou	zǎoshang	yìsi

2. 다음 단어를 중국어로 말해보세요.

1) 아빠   2) 우리들   3) 모두   4) ~도, 또한

3. 다음 문장을 중국어로 바꾸어 말해보세요.

1) 나는 엄마를 사랑한다.
2) 우리 모두 너를 사랑한다.
3) 아빠는 그 사람을 본다.
4) 그들은 모두 너를 믿는다.

4. 다음 문장의 밑줄 친 부분을 제시된 단어로 바꾸어 말해보세요.

1) 我爱<u>你</u>。　　① 妈妈　② 爸爸　③ 他
2) <u>爸爸</u>爱妈妈。　① 我　② 他　③ 我们都
3) <u>妈妈</u>看他。　　① 爸爸　② 我们　③ 她们
4) 他们都<u>相信</u>我。　① 也看　② 都爱　③ 相信

1. 다음 빈칸을 채우세요.

뜻	중국어	한어병음
1) 우리들		
2) 사랑하다		
3) 보다		
4) 믿다		

2. 다음 빈칸에 들어갈 알맞은 단어를 보기에서 찾아 쓰세요.

> 也　相信　他们　都

1) _____ 爱我。　　2) 我 _____ 相信他。

3) 我们 _____ 看他。　　4) 他们也 _____ 我们。

3. 다음 제시된 단어를 재배열하여 문장을 완성하세요.

1) 爱 / 他 / 我　▶ _____ 。

2) 都 / 他们 / 我 / 爱　▶ _____ 。

3) 看 / 妈妈 / 我 / 也　▶ _____ 。

4) 都 / 我们 / 你 / 相信　▶ _____ 。

4. 다음 문장을 중국어로 쓰세요.

1) 그는 너를 사랑해.　▶ _____ 。

2) 그들 모두 우리를 믿는다.　▶ _____ 。

3) 우리 모두 그 사람을 본다.　▶ _____ 。

4) 엄마는 아빠를 사랑하고,
아빠도 엄마를 사랑해.　▶ _____ 。

读一读

1. 동요를 배워봅시다.

 吃豆豆 Chī dòu dòu 콩을 먹다

吃豆豆， Chī dòu dòu,
长肉肉， zhǎng ròu ròu,
不吃豆豆精瘦瘦。 bù chī dòu dòu jīng shòu shòu.

콩을 먹으면,
통통해지고,
콩을 먹지 않으면 말라깽이가 된다.

2. 제시된 단어를 다음 문장의 알맞은 위치에 넣으세요.

1) ① 我们　　② 都　　③ 爸爸　　④ 。　　　[爱]
2) ① 也　　　② 相信　③ 你们　　④ 。　　　[他们]
3) ① 我们、　② 他们　③ 都　　　④ 你。　　[看]
4) ① 爸爸、　② 妈妈　③ 爱　　　④ 他。　　[都]

3. 다음 문장이 맞으면 ○, 틀리면 ×를 표시하세요.

1) 我你爱。　　　　　　(　　　)
2) 我也相信你。　　　　(　　　)
3) 他都爱你。　　　　　(　　　)
4) 我也看他。　　　　　(　　　)

4. 다음 문장을 해석하세요.

1) 我也爱你。　　　　　　　▶
2) 他们都爱你。　　　　　　▶
3) 我们、他们也都看你。　　▶
4) 爸爸、妈妈都相信你。　　▶

1. 녹음을 듣고 올바른 발음을 고르세요.

   1) ① pāo　　② bāo
   2) ① dīng　　② tīng
   3) ① jié　　② jué
   4) ① cái　　② chái

2. 녹음을 듣고 주어진 단어의 올바른 발음을 고르세요.

   1) 他们　① tāmen　② támen　③ tǎmen　④ tàmen
   2) 爸爸　① bāba　② bába　③ bǎba　④ bàba
   3) 相信　① xiāngxìn　② xiángxìn　③ xiǎngxìn　④ xiàngxìn
   4) 看　① kān　② kán　③ kǎn　④ kàn

3. 녹음을 듣고 알맞은 대답을 보기에서 고르세요.

   ① 我们也都爱你们。　　② 我也看爸爸、妈妈。
   ③ 我也相信你。　　　　④ 妈妈也爱我。

   1) (　　)　　2) (　　)　　3) (　　)　　4) (　　)

4. 녹음을 듣고 다음 빈칸에 알맞은 단어를 쓰세요.

   1) 他们也 _____ 你。
   2) 我们 _____ 看她们。
   3) 他 _____ 爱你。
   4) 爸爸、妈妈 _____ 相信你。

Lesson 03 | 你去哪儿?

说一说

1. 다음 한어병음을 발음해보세요. ▶ W03-01

    1) kāfēi   bāngmáng   dōngběi   yīwù   gēge
    2) nánfāng   lóufáng   jiéguǒ   hóngdòu   yéye
    3) běifāng   běnlái   yǔfǎ   yǒuqù   nǎinai
    4) bàngōng   dàxiá   Hànyǔ   yìwài   mèimei
    5) ānquánkěkào shānqióngshuǐjìn fùshuǐnánshōu kègǔmíngxīn

2. 다음 단어를 중국어로 말해보세요.

    1) 도서관   2) 교실   3) 오늘   4) 내일

3. 다음 문장을 중국어로 바꾸어 말해보세요.

    1) 좋은 아침!
    2) 너 어디 가니?
    3) 내일 너 도서관에 오니?
    4) 그럼 내일 만나자.

4. 다음 문장의 밑줄 친 부분을 제시된 단어로 바꾸어 말해보세요.

    1) 早上好!   ① 你   ② 您   ③ 下午
    2) 我去中国。   ① 韩国 ② 学校 ③ 图书馆
    3) 明天你来图书馆吗?   ① 今天 ② 下午 ③ 晚上
    4) 那明天见吧。   ① 看   ② 去   ③ 来

6

1. 다음 빈칸을 채우세요.

뜻	중국어	한어병음
1) 어디		
2) 그렇다면		
3) 다시		
4) ~할 작정이다		

2. 다음 빈칸에 들어갈 알맞은 단어를 보기에서 찾아 쓰세요.

> 不　　回　　那　　也

1) 今天他 _____ 家。　　2) 我 _____ 去图书馆。

3) _____ 我们看书吧。　　4) 爸爸 _____ 去中国。

3. 다음 제시된 단어를 재배열하여 문장을 완성하세요.

1) 去 / 你 / 哪儿 / 明天　　▶ _____ ?

2) 吗 / 都 / 你们 / 去　　▶ _____ ?

3) 我 / 图书馆 / 去 / 也　　▶ _____ 。

4) 他 / 教室 / 不 / 来　　▶ _____ 。

4. 다음 문장을 중국어로 쓰세요.

1) 우리 모두 중국에 갑니다.　　▶ _____ 。

2) 그럼 우리 내일 선생님을 봬요.　　▶ _____ 。

3) 그 사람은 중국으로 가지 않아요.　　▶ _____ 。

4) 저는 도서관에 가고, 그 사람도 도서관에 가요. ▶ _____ 。

1. 동요를 배워봅시다.

新年到 Xīnnián dào 새해가 오면

新年到，Xīnnián dào,
真热闹。zhēn rènao.
姑娘要花，Gūniang yào huā,
小孩要炮。xiǎohái yào pào.
老奶奶要块大年糕，Lǎo nǎinai yào kuài dà niángāo,
老爷爷要顶新毡帽。lǎo yéye yào dǐng xīn zhānmào.

새해가 오면,
정말 왁자지껄하네.
아가씨는 꽃을 달라고 하고,
아이는 폭죽을 달라고 하네.
할머니는 큰 떡 한 덩이를 달라고 하고,
할아버지는 새 중절모를 달라고 하네.

2. 제시된 단어를 다음 문장의 알맞은 위치에 넣으세요.

1) ① 你 ② 去 ③ 中国 ④?　　　[吗]

2) ① 明天 ② 他们 ③ 也 ④ 来。　[不]

3) ① 我们 ② 不 ③ 去 ④ 学校。　[打算]

4) ① 我们 ② 不 ③ 是 ④ 韩国人。　[都]

3. 다음 문장이 맞으면 ○, 틀리면 ×를 표시하세요.

1) 你去哪儿?　　　　　(　　　)

2) 他也不是韩国人。　　(　　　)

3) 我们都那看书吧。　　(　　　)

4) 爸爸去也学校。　　　(　　　)

4. 다음 문장을 해석하세요.

1) 早上好!　　　▶ _____

2) 我们打算回家。　▶ _____

3) 他不是中国人。　▶ _____

4) 那我们去学校吧。　▶ _____

1. 녹음을 듣고 올바른 발음을 고르세요.

1) ① lào ② rào
2) ① zhǔn ② chǔn
3) ① jiāo ② qiāo
4) ① shè ② sè

2. 녹음을 듣고 주어진 단어의 올바른 발음을 고르세요.

1) 学校 ① xuēxiào ② xuéxiào ③ xuěxiào ④ xuèxiào
2) 晚上 ① wānshang ② wánshang ③ wǎnshang ④ wànshang
3) 回家 ① huíjiā   ② huíjiá   ③ huíjiǎ   ④ huíjià
4) 韩国 ① Hānguó   ② Hánguó   ③ Hǎnguó   ④ Hànguó

3. 녹음을 듣고 알맞은 대답을 보기에서 고르세요.

> ① 早上好！
> ② 我去学校。
> ③ 我不是中国人，我是韩国人。
> ④ 我不回家。

1) (　　)　　2) (　　)　　3) (　　)　　4) (　　)

4. 녹음을 듣고 다음 빈칸에 알맞은 단어를 쓰세요.

1) 你 _____ 学校吗？
2) _____ 他们去学校。
3) 他 _____ 回韩国。
4) _____ 明天再见吧。

Lesson 05 | 你家有几口人?

说一说

1. 다음 한어병음을 발음해보세요. 🎧 W05-01

    1) luò - lòu   zuǒ - zǒu   sōu - suō

    2) ruò - ròu   guǒ - gǒu   zhuō - zhōu

    3) lüè - yuè   xuě - jué   yuē - quē

    4) Wǒ ǒu'ěr xuéxue yīnyuè.

    5) Míngtiān xiàwǔ wǒ yào bāng péngyou bān jiā.

2. 다음 단어를 중국어로 말해보세요.

    1) 가족사진   2) 누나, 언니   3) 대학생   4) 남동생

3. 다음 문장을 중국어로 바꾸어 말해보세요.

    1) 저것은 무엇입니까?

    2) 이것은 우리 집의 가족사진입니다.

    3) 너희 집은 다섯 식구네!

    4) 이 사람이 네 남동생이지?

4. 다음 문장의 밑줄 친 부분을 제시된 단어로 바꾸어 말해보세요.

    1) 这是我<u>姐姐</u>。   ① 弟弟 ② 妹妹 ③ 哥哥

    2) 他是<u>大学生</u>吧?   ① 老师 ② 学生 ③ 你弟弟

    3) 她已经<u>工作</u>了。   ① 回家 ② 看 ③ 说

    4) 她<u>十一</u>岁了。   ① 五 ② 二十二 ③ 五十八

1. 다음 빈칸을 채우세요.

뜻	중국어	한어병음
1) 이, 이것		
2) 집		
3) 누구		
4) 얼마나, 많다		

2. 다음 빈칸에 들어갈 알맞은 단어를 보기에서 찾아 쓰세요.

已经　谁　是　有

1) 他是 _____ ?
2) 我 _____ 工作了。
3) 我家 _____ 三口人。
4) 这 _____ 咖啡吧?

3. 다음 제시된 단어를 재배열하여 문장을 완성하세요.

1) 多大 / 你 / 了　▶ _____ ?
2) 口 / 你 / 有 / 几 / 家 / 人　▶ _____ ?
3) 大学生 / 他 / 是 / 吧　▶ _____ ?
4) 什么 / 都 / 你 / 有 / 家 / 人　▶ _____ ?

4. 다음 문장을 중국어로 쓰세요.

1) 당신은 누구를 만나요?　▶ _____ ?
2) 그 사람은 이미 일하죠?　▶ _____ ?
3) 저는 올해 20살이에요.　▶ _____ 。
4) 이것은 커피죠?　▶ _____ ?

读一读

1. 동요를 배워봅시다.

    两个大嘴巴 Liǎng ge dà zuǐba 큰 입 두 개

青蛙娶蛤蟆， Qīngwā qǔ háma,	청개구리가 개구리를 신부로 맞이하였고
蛤蟆嫁青蛙， háma jià qīngwā,	개구리는 청개구리에게 시집을 갔는데,
两个大嘴巴， Liǎng ge dà zuǐba,	큰 입 두 개가
说了一夜话： shuō le yí yè huà:	밤새 이야기를 나누네.
"呱呱呱呱呱！" "guā guā guā guā guā!"	"개굴개굴 개굴개굴개굴!"
"呱呱呱呱呱！" "guā guā guā guā guā!"	"개굴개굴 개굴개굴개굴!"

2. 제시된 단어를 다음 문장의 알맞은 위치에 넣으세요.

   1) ① 他们 ② 回 ③ 家 ④ 了。   [已经]
   2) ① 你们 ② 喝 ③ 水 ④?   [吧]
   3) 这 ① 是 ② 你 ③ 朋友 ④ 吧?   [的]
   4) 我家 ① 有 ② 爸爸、③ 妈妈 ④ 我。 [和]

3. 다음 문장이 맞으면 ○, 틀리면 ×를 표시하세요.

   1) 你的朋友是什么?   (   )
   2) 他多大了?   (   )
   3) 你家有几人?   (   )
   4) 那是全家福吧?   (   )

4. 다음 문장을 해석하세요.

   1) 这是张丽家的全家福。   ▶ _____
   2) 他家有五口人。   ▶ _____
   3) 她姐姐已经工作了。   ▶ _____
   4) 她弟弟十一岁了。   ▶ _____

1. 녹음을 듣고 올바른 발음을 고르세요.

1) ① dōngxī   ② dōngxi
2) ① dìdào   ② dìdao
3) ① dàyì   ② dàyi
4) ① yǎnjìng   ② yǎnjing

2. 녹음을 듣고 주어진 단어의 올바른 발음을 고르세요.

1) 姐姐   ① jiējie   ② jiéjie   ③ jiějie   ④ jièjie
2) 哥哥   ① gēge   ② gége   ③ gěge   ④ gège
3) 弟弟   ① dīdi   ② dídi   ③ dǐdi   ④ dìdi
4) 妹妹   ① mēimei   ② méimei   ③ měimei   ④ mèimei

3. 녹음을 듣고 알맞은 대답을 보기에서 고르세요.

> ① 是，这是我家的全家福。　② 不是，他已经工作了。
> ③ 是，他是我弟弟。　　　　④ 我二十一岁了。

1) (　　)   2) (　　)   3) (　　)   4) (　　)

4. 녹음을 듣고 다음 빈칸에 알맞은 단어를 쓰세요.

1) 你的朋友是 _____ ？
2) 你家有 _____ 口人？
3) 他 _____ 是大学生了。
4) 我 _____ 哥哥。

Lesson 07 我想问您几个问题。

1. 다음 한어병음을 발음해보세요. 🎵 W07-01

    1) Wǒ xiǎng wèn nín jǐ ge wèntí.
    2) Míngtiān wǒ yǒu liǎng jié kè.
    3) Míngtiān wǒ méiyǒu shìr.
    4) Xiàwǔ wǒ gěi nǐ dǎ diànhuà.

2. 다음 단어를 중국어로 말해보세요.

    1) 문제   2) 편하다   3) 사무실   4) 전화

3. 다음 문장을 중국어로 바꾸어 말해보세요.

    1) 저는 집으로 돌아가고 싶어요.
    2) 나는 그 사람에게 중국어를 가르친다.
    3) 두 시 이후에야 여유가 있다.
    4) 그럼 난 사무실에서 너를 기다릴게.

4. 다음 문장의 밑줄 친 부분을 제시된 단어로 바꾸어 말해보세요.

    1) 我在<u>家</u>吃饭。   ① 学校   ② 他家   ③ 朋友家
    2) 我不想<u>去</u>。   ① 吃   ② 喝   ③ 看
    3) 要是他<u>去</u>，我也<u>去</u>。 ① 买   ② 看   ③ 去图书馆
    4) 我给张丽<u>打电话</u>。   ① 做菜   ② 发短信 ③ 唱歌儿

14

1. 다음 빈칸을 채우세요.

뜻	중국어	한어병음
1) 기다리다		
2) 수업		
3) ~해도 좋다		
4) 만약 ~라면		

2. 다음 빈칸에 들어갈 알맞은 단어를 보기에서 찾아 쓰세요.

告诉   要是   才   不

1) 我 _____ 想见朋友。　　2) 我 _____ 你这件事。

3) 明年 _____ 去中国。　　4) _____ 你有汉语书，我们一起看吧。

3. 다음 제시된 단어를 재배열하여 문장을 완성하세요.

1) 在 / 我 / 工作 / 学校　　▶ _____ 。

2) 做 / 给 / 中国菜 / 你 / 我　　▶ _____ 。

3) 节 / 今天 / 两 / 课 / 有　　▶ _____ 。

4) 个 / 我 / 问 / 想 / 您 / 几 / 问题　　▶ _____ 。

4. 다음 문장을 중국어로 쓰세요.

1) 나는 그의 집에서 요리를 한다.　　▶ _____ 。

2) 내가 너에게 노래를 불러줄게.　　▶ _____ 。

3) 나는 중국어를 배우고 싶어.　　▶ _____ 。

4) 만약 너 여유 있으면 우리 같이 밥 먹자.　　▶ _____ 。

读一读

1. 동요를 배워봅시다.

 三轮车 Sān lún chē 삼륜차

三轮车，跑得快， Sān lún chē, pǎo de kuài,
上面两个老太太， shàngmiàn liǎng ge lǎo tàitai,
要两块，给三块， yào liǎng kuài, gěi sān kuài,
你说奇怪不奇怪？ nǐ shuō qíguài bu qíguài?

삼륜차 빨리도 달리네,
위에 두 아주머니,
2위안 달라고 했는데 3위안을 주시네,
이상한지 안 이상한지 말씀해보세요.

2. 제시된 단어를 다음 문장의 알맞은 위치에 넣으세요.

　　1) 我 ① 问 ② 您 ③ 几个 ④ 问题。　　　　　[想]
　　2) 要是 ① 您方便，② 两点半 ③ 办公室 ④ 行吗? [到]
　　3) 他 ① 来 ② 以后 ③ 吃 ④ 饭。　　　　　　 [才]
　　4) ① 我 ② 图书馆 ③ 看 ④ 书。　　　　　　　[在]

3. 다음 문장이 맞으면 ○, 틀리면 ×를 표시하세요.

　　1) 下午有两课。　　　　　　（　　）
　　2) 我问你有几个问题。　　　（　　）
　　3) 你有事吗？　　　　　　　（　　）
　　4) 我给你打电话。　　　　　（　　）

4. 다음 문장을 해석하세요.

　　1) 我给他钱。　　　　　　　▶ _____
　　2) 他问老师明天有没有空儿。 ▶ _____
　　3) 要是老师在办公室，你就问他一个问题吧。 ▶ _____
　　4) 金明哲打算两点半到张老师的办公室见老师。 ▶ _____

16

1. 녹음을 듣고 올바른 발음을 고르세요.

1) ① wéntǐ ② wèntí
2) ① yàoshi ② yàoshī
3) ① fángpiàn ② fāngbiàn
4) ① xiàwǔ ② shàngwǔ

2. 녹음을 듣고 주어진 단어의 올바른 발음을 고르세요.

1) 事儿 ① shīr ② shír ③ shǐr ④ shìr
2) 空儿 ① kōngr ② kóngr ③ kǒngr ④ kòngr
3) 等   ① dēng ② déng ③ děng ④ dèng
4) 行   ① xīng ② xíng ③ xǐng ④ xìng

3. 녹음을 듣고 알맞은 대답을 보기에서 고르세요.

> ① 明天没有空儿，后天怎么样？ ② 我就是。
> ③ 行，你有什么问题？ ④ 我要在你的办公室等你。

1) (　　)　　2) (　　)　　3) (　　)　　4) (　　)

4. 녹음을 듣고 다음 빈칸에 알맞은 단어를 쓰세요.

1) 我 _____ 你买一本书。
2) 我 _____ 学校工作。
3) _____ 你有空儿，我们一起见老师吧。
4) 我 _____ 他汉语。

Lesson 09 | 你在做什么呢？

1. 다음 한어병음을 발음해보세요. **MP3 W09-01**

    1) Wǒ méi zài kàn diànshì ne.

    2) Wǒ yào qù mǎi diǎnr miànbāo.

    3) Shùnbiàn shuō yíxià zhège wèntí.

    4) Xiān wèn yí xià lǎoshī, ránhòu zài shuō.

2. 다음 단어를 중국어로 말해보세요.

    1) 시험   2) 과일   3) 옷   4) 바나나

3. 다음 문장을 중국어로 바꾸어 말해보세요.

    1) 너 뭐하고 있니?

    2) 다음 주에 시험이 있어.

    3) 잠깐 기다려 봐.

    4) 나는 과일 좀 사러 나가려고 해.

4. 다음 문장의 밑줄 친 부분을 제시된 단어로 바꾸어 말해보세요.

    1) 我在<u>吃饭</u>呢。   ① 开会   ② 看电视   ③ 买水果
    2) 下个星期有<u>考试</u>。   ① 去美国   ② 有课   ③ 开会
    3) 顺便买点儿<u>面包</u>。   ① 饺子   ② 绿茶   ③ 文具
    4) 老师，您<u>说</u>一下。   ① 休息   ② 写   ③ 看

1. 다음 빈칸을 채우세요.

뜻	중국어	한어병음
1) 바꾸다		
2) 사과		
3) 이렇게 하다		
4) 공원		

2. 다음 빈칸에 들어갈 알맞은 단어를 보기에서 찾아 쓰세요.

> 点儿　　在　　然后　　一下

1) 你 ＿＿＿＿＿ 做什么呢？　　2) 喝 ＿＿＿＿＿ 水吧。

3) 老师，请问 ＿＿＿＿＿ 。　　4) 先去公园，＿＿＿＿＿ 去买东西吧。

3. 다음 제시된 단어를 재배열하여 문장을 완성하세요.

1) 去 / 顺便 / 一 / 中国 / 下　　▶ ＿＿＿＿＿＿＿＿＿＿＿＿＿。

2) 问 / 问 / 然后 / 先 / 他 / 老师　　▶ ＿＿＿＿＿＿＿＿＿＿＿＿＿。

3) 你 / 点儿 / 吃 / 吧 / 东西　　▶ ＿＿＿＿＿＿＿＿＿＿＿＿＿。

4) 再 / 下次 / 欢迎 / 来　　▶ ＿＿＿＿＿＿＿＿＿＿＿＿＿。

4. 다음 문장을 중국어로 쓰세요.

1) 다음 사람은 바로 너야.　　▶ ＿＿＿＿＿＿＿＿＿＿＿＿＿。

2) 나 텔레비전 보는 중이야.　　▶ ＿＿＿＿＿＿＿＿＿＿＿＿＿。

3) 너 빵 좀 사러 가.　　▶ ＿＿＿＿＿＿＿＿＿＿＿＿＿。

4) 선생님 좀 봐주세요.　　▶ ＿＿＿＿＿＿＿＿＿＿＿＿＿。

读一读

1. 동요를 배워봅시다.

 小花猫开汽车 Xiǎo huāmāo kāi qìchē 작은 얼룩고양이가 차를 운전하네

小花猫，开汽车，	Xiǎo huāmāo, kāi qìchē,	작은 얼룩고양이, 차를 운전하네.
两只老鼠当乘客。	liǎng zhī lǎoshǔ dāng chéngkè.	쥐 두 마리가 손님이네.
鼠弟弟，睡着了，	Shǔ dìdi, shuìzháo le,	동생 쥐는 잠이 들었는데,
醒来不见鼠哥哥。	xǐnglái bú jiàn shǔ gēge.	깨어나 보니 형 쥐가 보이지 않네.
鼠弟弟，呜呜哭，	Shǔ dìdi, wūwū kū,	동생 쥐는 엉엉 울고,
小猫一旁偷偷乐。	xiǎo māo yìpáng tōutōu lè.	작은 고양이는 옆에서 몰래 즐거워하네.

2. 제시된 단어를 다음 문장의 알맞은 위치에 넣으세요.

1) ① 他 ② 吃 ③ 饭 ④ 呢。　　　[在]

2) ① 一站 ② 是 ③ 什么 ④ 地方?　[下]

3) 你 ① 找 ② 工作 ③ 挣 ④ 钱。　　[点儿]

4) ① 吃 ② 一下 ③ 然后 ④ 再说。　[先]

3. 다음 문장이 맞으면 ○, 틀리면 ×를 표시하세요.

1) 顺便问这个问题一下。　　　(　　　)

2) 你喝水点儿。　　　　　　　(　　　)

3) 欢迎再来下次。　　　　　　(　　　)

4) 我在没看电视。　　　　　　(　　　)

4. 다음 문장을 해석하세요.

1) 我在开会呢。　　　▶ _____

2) 你去买点儿饺子。　▶ _____

3) 顺便说一下这是什么。▶ _____

4) 先讨论，然后再决定。▶ _____

1. 녹음을 듣고 올바른 발음을 고르세요.

1) ① sānbù　② sànbù
2) ① shìhòu　② shíhou
3) ① juédìng　② juédǐng
4) ① huìlái　② huílai

2. 녹음을 듣고 주어진 단어의 올바른 발음을 고르세요.

1) 顺便　① shūnbiàn　② shúnbiàn　③ shǔnbiàn　④ shùnbiàn
2) 香蕉　① xiāngjiāo　② xiángjiāo　③ xiǎngjiāo　④ xiàngjiāo
3) 换　① huān　② huán　③ huǎn　④ huàn
4) 先　① xiān　② xián　③ xiǎn　④ xiàn

3. 녹음을 듣고 알맞은 대답을 보기에서 고르세요.

> ① 我在做饭呢。
> ② 是吗？顺便买点儿中国茶吧。
> ③ 行，那就这样吧。
> ④ 谢谢您。

1) (　)　2) (　)　3) (　)　4) (　)

4. 녹음을 듣고 다음 빈칸에 알맞은 단어를 쓰세요.

1) 我 _____ 听音乐呢。
2) 你 _____ 学习汉语吗？
3) 我 _____ 在打电话呢。
4) 你先回家吧，_____ 再说。

memo

memo

memo

| 중국어뱅크 |

이미경 지음

동양북스

Lesson 02 | 您贵姓?

说一说

1. 다음 한어병음을 발음해보세요. 🎧 W02-01

1) xìng　　　　jiào　　　　nǎ　　　　guì
2) dàjiā　　　　péngyou　　Hánguó　　Zhōngguó
3) Zhōngguórén　Hánguórén　Měiguórén　Rìběnrén
4) shānmíngshuǐxiù　qiānchuíbǎiliàn　yìkǒutóngshēng　pòfǔchénzhōu

2. 다음 단어를 중국어로 말해보세요.

1) 어느　　　2) ~이다　　　3) 한국인　　　4) 잠깐 여쭙겠습니다

3. 다음 문장을 중국어로 바꾸어 말해보세요.

1) 성함이 어떻게 되세요?
2) 저는 왕씨입니다.
3) 당신은 중국인인가요?
4) 당신은 어느 나라 사람이세요?

4. 다음 문장의 밑줄 친 부분을 제시된 단어로 바꾸어 말해보세요.

1) <u>你</u>好!　　　　　　① 你们　　② 老师　　③ 大家
2) 你是<u>中国人</u>吗?　　① 韩国人　② 英国人　③ 王平
3) 我叫<u>高秀英</u>。　　　① 张丽　　② 王平　　③ 金明哲
4) 我是<u>韩国人</u>。　　　① 中国人　② 他的朋友　③ 他爸爸

1. 다음 빈칸을 채우세요.

뜻	중국어	한어병음
1) ~라고 부르다		
2) 귀하다		
3) 친구		
4) 학생		

2. 다음 빈칸에 들어갈 알맞은 단어를 보기에서 찾아 쓰세요.

> 是　　贵　　是　　是

1) 您 _____ 姓?　　　　2) 我 _____ 韩国人。

3) 你也 _____ 韩国人吗?　　4) 他们都 _____ 老师。

3. 다음 제시된 단어를 재배열하여 문장을 완성하세요.

1) 我 / 王 / 姓　　　　▶ _____ 。

2) 叫 / 他 / 名字 / 什么　▶ _____ ?

3) 他们 / 我 / 的 / 都是 / 朋友　▶ _____ 。

4) 我 / 的 / 他 / 老师 / 是　▶ _____ 。

4. 다음 문장을 중국어로 쓰세요.

1) 이름이 뭐예요?　　　　▶ _____ ?

2) 저는 고씨입니다.　　　▶ _____ 。

3) 너는 어느 나라 사람이니?　▶ _____ ?

4) 저는 한국인입니다.　　▶ _____ 。

读一读

1. 동요를 배워봅시다.

 老猫 Lǎo māo 늙은 고양이

老猫，老猫， Lǎo māo, lǎo māo,
上树摘桃。 shàng shù zhāi táo.
摘了多少？ Zhāi le duōshao?
摘了半瓢。 Zhāi le bànpiáo.
"你怎么不吃呀？" "Nǐ zěnme bù chī ya?"
"我没牙咬。" "Wǒ méi yá yǎo."

늙은 고양이, 늙은 고양이,
나무에 올라가 복숭아를 땁니다.
얼마나 땄나요?
반 표주박 땄어요.
"어째서 안 드시는 거예요?"
"씹을 이가 없어요."

2. 제시된 단어를 다음 문장의 알맞은 위치에 넣으세요.

1) ① 我们 ② 姓 ③ 王 ④。　　　[都]
2) ① 他 ② 也 ③ 是 ④ 吗?　　　[老师]
3) ① 你 ② 是 ③ 国人 ④ ?　　　[哪]
4) ① 我们 ② 都 ③ 朋友 ④ 。　　[是]

3. 다음 문장이 맞으면 ○, 틀리면 ×를 표시하세요.

1) 他什么姓?　　　　　　(　　)
2) 叫我王平。　　　　　　(　　)
3) 我们都是朋友。　　　　(　　)
4) 他是中国人。　　　　　(　　)

4. 다음 문장을 해석하세요.

1) 你好！　　　　　▶
2) 您是哪国人？　　▶
3) 我爸爸是韩国人。▶
4) 我的老师也是中国人。▶

1. 녹음을 듣고 올바른 발음을 고르세요.

    1) ① jià   ② jiào
    2) ① zǒu   ② zuǒ
    3) ① hěn   ② hǎn
    4) ① shī   ② shì

2. 녹음을 듣고 주어진 단어의 올바른 발음을 고르세요.

    1) 大家   ① dājiā   ② dájiā   ③ dǎjiā   ④ dàjiā
    2) 老师   ① lǎoshī   ② lǎoshí   ③ lǎoshǐ   ④ lǎoshì
    3) 英国   ① Yīngguó ② Yíngguó ③ Yǐngguó ④ Yìngguó
    4) 名字   ① mīngzi   ② míngzi   ③ mǐngzi   ④ mìngzi

3. 녹음을 듣고 알맞은 대답을 보기에서 고르세요.

    ① 我是中国人。　　　② 我叫张丽。
    ③ 我也是韩国人。　　④ 我姓高。

    1) (   )   2) (   )   3) (   )   4) (   )

4. 녹음을 듣고 다음 빈칸에 알맞은 단어를 쓰세요.

    1) 我是他的 _____ 。
    2) 你 _____ 什么名字?
    3) 我 _____ 高。
    4) 老师 _____ 中国人。

Lesson 04 | 最近怎么样？

1. 다음 한어병음을 발음해보세요. 🎧 W04-01

    1) yǐnmán   fánmáng   yǔyīn   yīngxióng
    2) zhēnjiǎ   zēngjiā   xīnshǎng   sīxiǎng
    3) huānyíng   huāngzhāng   huánjìng   chījīng
    4) Hánguórén xué Hànyǔ.
    5) Lāmiàn là bu là?
    6) Tiānqì tài rè le.

2. 다음 단어를 중국어로 말해보세요.

    1) 최근   2) 공부하다   3) 무엇   4) 커피

3. 다음 문장을 중국어로 바꾸어 말해보세요.

    1) 너 요즘 어때?
    2) 공부는 어떠니?
    3) 중국어는 정말 재미있어요.
    4) 바빠요 안 바빠요?

4. 다음 문장의 밑줄 친 부분을 제시된 단어로 바꾸어 말해보세요.

1) 你最近<u>怎么样</u>?	① 好吗	② 忙吗	③ 累吗
2) 你要<u>喝</u>什么?	① 看	② 吃	③ 学
3) 学习<u>很好</u>。	① 很忙	② 还可以	③ 很有意思
4) 你<u>忙不忙</u>?	① 喝不喝	② 看不看	③ 学习不学习

1. 다음 빈칸을 채우세요.

뜻	중국어	한어병음
1) 괜찮다		
2) ~하려고 하다		
3) 오전		
4) 그러나		

2. 다음 빈칸에 들어갈 알맞은 단어를 보기에서 찾아 쓰세요.

> 喝   最近   吃   可以

1) 爸爸 _____ 怎么样?   2) 我最近还 _____ 。
3) 你 _____ 咖啡吗?   4) 他们也 _____ 饭。

3. 다음 제시된 단어를 재배열하여 문장을 완성하세요.

1) 学习 / 妈妈 / 什么   ▶ _____ ?
2) 你 / 怎么样 / 汉语 / 的   ▶ _____ ?
3) 的 / 你 / 说 / 朋友 / 什么   ▶ _____ ?
4) 你 / 累 / 累 / 最近 / 不   ▶ _____ ?

4. 다음 문장을 중국어로 쓰세요.

1) 그 사람 뭐라고 말하나요?   ▶ _____ ?
2) 나는 바쁘지 않아요.   ▶ _____ 。
3) 중국어 배우는 것은 매우 재미있어요.   ▶ _____ 。
4) 제 친구는 중국어를 배우지 않아요.   ▶ _____ 。

1. 동요를 배워봅시다.

> 李小多 Lǐ Xiǎoduō 리샤오 두어
>
> 李小多，分果果，　Lǐ Xiǎoduō, fēn guǒguǒ,
> 分到后来剩两个。　fēndào hòulái shèng liǎng ge.
> 一个大，一个小，　Yí ge dà, yí ge xiǎo,
> 大的分给张小弟，　dà de fēngěi Zhāng xiǎodì,
> 小的留给他自个儿。　xiǎo de liúgěi tā zìgěr.

리샤오 두어가 과일을 나누는데
나누고 마지막에 두 개가 남았네.
하나는 크고, 하나는 작은데,
큰 것은 장샤오 디에게 나누어주고,
작은 것은 자기 자신에게 주네.

2. 제시된 단어를 다음 문장의 알맞은 위치에 넣으세요.

1) ① 她 ② 回 ③ 家 ④ 。　　　[要]
2) ① 他 ② 最近 ③ 学习 ④ ?　　[怎么样]
3) ① 我的 ② 朋友 ③ 可以 ④ 。　[还]
4) ① 今天 ② 你 ③ 忙 ④ 吗?　　[不]

3. 다음 문장이 맞으면 ○, 틀리면 ×를 표시하세요.

1) 你好不好吗?　　　　　　（　　　）
2) 他要喝哪儿?　　　　　　（　　　）
3) 最近你的学习怎么样?　　（　　　）
4) 你学什么?　　　　　　　（　　　）

4. 다음 문장을 해석하세요.

1) 最近你的汉语怎么样?　▸ _____
2) 你最近忙不忙?　　　　▸ _____
3) 学习汉语非常有意思。　▸ _____
4) 我的朋友很好。　　　　▸ _____

1. 녹음을 듣고 올바른 발음을 고르세요.

   1) ① liǎngkuài ② liángkuai
   2) ① yīnjié   ② yīnjiē
   3) ① xiězuò   ② xiézuò
   4) ① jièshū   ② jiéshù

2. 녹음을 듣고 주어진 단어의 올바른 발음을 고르세요.

   1) 非常   ① fēicháng ② féicháng ③ fěicháng ④ fèicháng
   2) 什么   ① shēnme   ② shénme   ③ shěnme   ④ shènme
   3) 忙   ① māng   ② máng   ③ mǎng   ④ màng
   4) 上午   ① shāngwǔ   ② shángwǔ   ③ shǎngwǔ   ④ shàngwǔ

3. 녹음을 듣고 알맞은 대답을 보기에서 고르세요.

   > ① 他说，很忙。　　　② 非常有意思。
   > ③ 今天还可以。　　　④ 我要喝咖啡。

   1) (　　)　　2) (　　)　　3) (　　)　　4) (　　)

4. 녹음을 듣고 다음 빈칸에 알맞은 단어를 쓰세요.

   1) 你学习＿＿＿＿＿吗?
   2) 还＿＿＿＿＿。
   3) 学习＿＿＿＿＿。
   4) 你＿＿＿＿＿喝什么?

Lesson 06 | 八月三号是我的生日。

说一说

1. 다음 한어병음을 발음해보세요. 🎧 W06-01

　　1) Wǒ qǐng nǐ chī fàn.

　　2) Xīngqīsì wǎnshang jiàn.

　　3) Wǒmen chī Zhōngguócài ba.

　　4) Bā yuè wǔ hào wǒ yǒu shíjiān.

2. 다음 단어를 중국어로 말해보세요.

　　1) 시간　　　2) 생일　　　3) 좋아하다　　　4) 주, 요일

3. 다음 문장을 중국어로 바꾸어 말해보세요.

　　1) 오늘은 몇 월 며칠이니?
　　2) 오늘은 무슨 요일이야?
　　3) 나는 중국요리 먹는 것을 좋아해.
　　4) 그날 내가 너에게 밥을 살게.

4. 다음 문장의 밑줄 친 부분을 제시된 단어로 바꾸어 말해보세요.

　　1) 我喜欢吃<u>中国菜</u>。　　① 饭　　② 韩国菜　　③ 妈妈的菜
　　2) 今天是<u>我</u>的生日。　　① 妈妈　　② 老师　　③ 我朋友
　　3) 昨天<u>星期几</u>?　　① 星期二　　② 星期四　　③ 星期天
　　4) 我们<u>六点</u>见怎么样?　　① 八点　　② 八点一刻　　③ 八点半

1. 다음 빈칸을 채우세요.

뜻	중국어	한어병음
1) 시		
2) 분		
3) 부족하다		
4) 좋아하다		

2. 다음 빈칸에 들어갈 알맞은 단어를 보기에서 찾아 쓰세요.

> 几　差　几　请　还是

1) 今天 _____ 月 _____ 号?　2) 你去中国 _____ 美国?

3) 我 _____ 你吃饭。　　　　4) 现在 _____ 十分十点。

3. 다음 제시된 단어를 재배열하여 문장을 완성하세요.

1) 你 / 是 / 几月 / 生日 / 几号 / 的　▶ _____?

2) 不 / 星期六 / 是 / 今天　▶ _____。

3) 喝 / 我 / 要 / 你 / 请 / 咖啡　▶ _____。

4) 九点 / 我们 / 吧 / 回家 / 一刻　▶ _____。

4. 다음 문장을 중국어로 쓰세요.

1) 오늘은 화요일이에요 수요일이에요?　▶ _____?

2) 지금은 몇 시에요?　▶ _____?

3) 내일 시간 있어요?　▶ _____?

4) 너 밥 먹을래 커피 마실래?　▶ _____?

读一读

1. 동요를 배워봅시다.

 🎵 上山找老虎 Shàng shān zhǎo lǎohǔ 산에 올라가 호랑이를 찾네

一二三四五, Yī èr sān sì wǔ,	하나, 둘, 셋, 넷, 다섯
上山找老虎。shàng shān zhǎo lǎohǔ.	산에 올라가 호랑이를 찾네.
老虎没找到, Lǎohǔ méi zhǎodào,	호랑이는 찾지 못하고,
找到小松鼠。zhǎodào xiǎo sōngshǔ.	작은 다람쥐를 찾았네.
松鼠有几只, Sōngshǔ yǒu jǐ zhī,	다람쥐가 몇 마리 있는지
让我数一数。ràng wǒ shǔ yi shǔ.	내가 헤아려 본다.
数来又数去, Shǔlái yòu shǔqù,	헤아리고 또 헤아리니,
一二三四五。yī èr sān sì wǔ.	하나, 둘, 셋, 넷, 다섯.

2. 제시된 단어를 다음 문장의 알맞은 위치에 넣으세요.

1) ① 你的生日 ② 这个 ③ 星期四 ④ 吗?   [是]

2) ① 那 ② 回 ③ 家 ④ 怎么样?   [八点]

3) 我 ① 请 ② 你 ③ 吃 ④ 饭。   [要]

4) ① 我 ② 喜欢 ③ 吃 ④ 中国菜。   [很]

3. 다음 문장이 맞으면 ○, 틀리면 ×를 표시하세요.

1) 今天星期天。( ) 2) 现在几点? ( )

3) 明天有没有时间。( ) 4) 他要请我吗? ( )

4. 다음 문장을 해석하세요.

1) 我的生日是七月二十五号。 ▶ _____

2) 你有事儿吗? ▶ _____

3) 我们吃中国菜怎么样? ▶ _____

4) 你要吃饭还是喝咖啡? ▶ _____

MP3 W06-02

1. 녹음을 듣고 올바른 발음을 고르세요.

1) ① dǎsuàn ② dàsuàn
2) ① shíjiàn ② shíjiān
3) ① nà tiān ② nǎ tiān
4) ① xīngqī ② xìngqǐ

2. 녹음을 듣고 주어진 단어의 올바른 발음을 고르세요.

1) 喜欢 ① xīhuan ② xíhuan ③ xǐhuan ④ xìhuan
2) 生日 ① shēngrì ② shéngrì ③ shěngrì ④ shèngrì
3) 还是 ① hāishi ② háishi ③ hǎishi ④ hàishi
4) 八点 ① bā diǎn ② bá diǎn ③ bǎ diǎn ④ bà diǎn

3. 녹음을 듣고 알맞은 대답을 보기에서 고르세요.

> ① 没有。　　　　　② 喝茶。
> ③ 不是，是六月七号。　④ 不是，是星期五。

1) (　　)　　2) (　　)　　3) (　　)　　4) (　　)

4. 녹음을 듣고 다음 빈칸에 알맞은 단어를 쓰세요.

1) 你的生日是 _____ ?
2) 现在 _____ ?
3) 明天 _____ ?
4) 我要 _____ 你喝茶。

Lesson 08 | 超市在南边儿。

说一说

1. 다음 한어병음을 발음해보세요. 🎵 W08-01

    1) Nǐ hái yào chī shénme?
    2) Wǒ yào qù mǎi shuǐguǒ.
    3) Nàr jiù yǒu yì jiā kāfēidiàn.
    4) Wǒ yào qù shūdiàn mǎi shū.

2. 다음 단어를 중국어로 말해보세요.

    1) 캠퍼스　　　2) 은행　　　3) 문구　　　4) 곳, 지방

3. 다음 문장을 중국어로 바꾸어 말해보세요.

    1) 캠퍼스가 깨끗하고 예쁘다.
    2) 슈퍼마켓은 어디에 있나요?
    3) 나는 서점에 가서 책 사고, 문구도 사려고 해.
    4) 정말 좋다.

4. 다음 문장의 밑줄 친 부분을 제시된 단어로 바꾸어 말해보세요.

    1) 学校里有<u>超市</u>。　　① 银行　② 书店　③ 图书馆
    2) 我还要买<u>书</u>。　　　① 笔　② 本子　③ 饺子
    3) 太<u>好</u>了。　　　　　① 美　② 贵　③ 大
    4) 我要去看<u>电影</u>。　　① 他　② 书　③ 文具

1. 다음 빈칸을 채우세요.

뜻	중국어	한어병음
1) 깨끗하다		
2) 예쁘다		
3) 앞쪽		
4) 건물		

2. 다음 빈칸에 들어갈 알맞은 단어를 보기에서 찾아 쓰세요.

> 有　又　在　要　又

1) 这家 _____ 美 _____ 大！　　2) 我家 _____ 学校的后边儿。
3) 这儿 _____ 什么？　　　　　4) 我也 _____ 和你一起去书店。

3. 다음 제시된 단어를 재배열하여 문장을 완성하세요.

1) 有 / 一 / 那儿 / 书店 / 家　　▶ _____ 。
2) 要 / 看 / 我 / 电影 / 去　　　▶ _____ 。
3) 去 / 超市 / 我 / 买 / 要 / 水果　▶ _____ 。
4) 脏 / 乱 / 这儿 / 又 / 又　　　▶ _____ 。

4. 다음 문장을 중국어로 쓰세요.

1) 이 책은 두껍고 무겁다.　　　　　▶ _____ 。
2) 도서관은 슈퍼마켓 옆쪽에 있다.　　▶ _____ 。
3) 나는 집에 가서 밥을 먹으려고 한다.　▶ _____ 。
4) 너는 또 어디 가고 싶어？　　　　▶ _____ ？

读一读

1. 동요를 배워봅시다.

 小猴子 Xiǎo hóuzi 작은 원숭이

小猴子，吱吱叫，　Xiǎo hóuzi, zhīzhī jiào,
肚子饿，不能跳。　dùzi è, bù néng tiào.
给香蕉，还不要，　Gěi xiāngjiāo, hái bú yào,
你说好笑不好笑。　nǐ shuō hǎoxiào bu hǎoxiào.

작은 원숭이가 끽끽 우는데,
배가 고파서 뛸 수 없었어요.
바나나를 줘도 여전히 싫다고 하니,
우스운지 안 우스운지 말해보세요.

2. 제시된 단어를 다음 문장의 알맞은 위치에 넣으세요.

1) ① 你 ② 来 ③ 我家 ④ 吃饭吧。　　　[也]
2) ① 图书馆 ② 在 ③ 银行 ④ 后边儿。　[就]
3) ① 你 ② 要 ③ 看 ④ 什么?　　　　　[还]
4) 老师 ① 的 ② 声音 ③ 好听了 ④。　　[太]

3. 다음 문장이 맞으면 ○, 틀리면 ×를 표시하세요.

1) 学校里在很多中国人。　　（　　）
2) 我们去看电影吧。　　　　（　　）
3) 图书馆有哪儿?　　　　　（　　）
4) 这儿还大还美。　　　　　（　　）

4. 다음 문장을 해석하세요.

1) 这儿又脏又乱。　　▶ _____
2) 银行在学校前边儿。▶ _____
3) 我还要吃饺子。　　▶ _____
4) 我家有一本汉语书。▶ _____

1. 녹음을 듣고 올바른 발음을 고르세요.

   1) ① gànjìng   ② gānjìng
   2) ① chāoshì   ② chāoshí
   3) ① yìqǐ   ② yíqì
   4) ① yínháng   ② yǐnháng

2. 녹음을 듣고 주어진 단어의 올바른 발음을 고르세요.

   1) 真   ① zhēn   ② zhén   ③ zhěn   ④ zhèn
   2) 南边儿   ① nānbianr ② nánbianr ③ rǎnbianr ④ nànbianr
   3) 座   ① zuō   ② zuó   ③ zuǒ   ④ zuò
   4) 地方   ① dīfang   ② dífang   ③ dǐfang   ④ dìfang

3. 녹음을 듣고 알맞은 대답을 보기에서 고르세요.

   > ① 这儿有绿茶。　　② 我家在学校后边儿。
   > ③ 我也要去。　　　④ 是啊，太好看了。

   1) (　　)　　2) (　　)　　3) (　　)　　4) (　　)

4. 녹음을 듣고 다음 빈칸에 알맞은 단어를 쓰세요.

   1) 这个 _____ 漂亮了。
   2) 她的声音 _____ 美。
   3) 书店里 _____ 书和文具。
   4) 银行 _____ 哪儿？

Lesson 10 | 多少钱一斤？

说一说

1. 다음 한어병음을 발음해보세요. 🎵 W10-01

1) Nǐ néng bu néng piányi diǎnr?
2) Nín kàn, zhè xiē píngguǒ duō xīnxiān a!
3) Hǎochī shì hǎochī, búguò yǒudiǎnr guì.
4) Tāmen cái mǎi le liǎng jīn píngguǒ.

2. 다음 단어를 중국어로 말해보세요.

1) 판매원   2) 저렴하다   3) 알다   4) 환영하다

3. 다음 문장을 중국어로 바꾸어 말해보세요.

1) 한 근에 얼마예요?
2) 한 근에 3위안이에요.
3) 좀 저렴하게 해줄 수 있어요?
4) 맛을 보시면 알 거예요.

4. 다음 문장의 밑줄 친 부분을 제시된 단어로 바꾸어 말해보세요.

1) <u>好吃</u>是<u>好吃</u>，不过有点儿贵。　① 好看　② 新鲜　③ 漂亮
2) 这个多<u>大</u>啊！　① 漂亮　② 可爱　③ 美
3) 这些书一共<u>三十五</u>块钱。　① 五十八　② 六十四　③ 七十九
4) 你<u>尝尝</u>就知道了。　① 看看　② 问问　③ 听听

1. 다음 빈칸을 채우세요.

	뜻	중국어	한어병음
1)	시장		
2)	~라고 느끼다		
3)	할인하다		
4)	합계, 모두		

2. 다음 빈칸에 들어갈 알맞은 단어를 보기에서 찾아 쓰세요.

> 多　　能　　就　　多少钱

1) 这个 _____ ？　　2) 今天你 _____ 回来吗?
3) 今天天气 _____ 好啊！　　4) 你问问 _____ 知道。

3. 다음 제시된 단어를 재배열하여 문장을 완성하세요.

1) 五十块 / 给 / 您 / 钱　　▶ _____ 。
2) 找 / 三块 / 钱 / 您　　▶ _____ 。
3) 要 / 买点儿 / 我 / 苹果　　▶ _____ 。
4) 欢迎 / 再 / 下次 / 来　　▶ _____ 。

4. 다음 문장을 중국어로 쓰세요.

1) 이 사과들이 얼마나 큰지!　　▶ _____ ！
2) 나 산책 좀 하러 가.　　▶ _____ 。
3) 모두 얼마예요?　　▶ _____ ？
4) 비싸기는 비싼데 재미있어요.　　▶ _____ 。

读一读

1. 동요를 배워봅시다.

🎵 **小兔乖乖** Xiǎo tù guāiguāi 토끼야 착하지

小兔乖乖, Xiǎo tù guāiguāi	토끼야 착하지,
把门开开, bǎ mén kāikāi,	문 좀 열어줘,
快点开开, kuài diǎn kāikāi,	빨리 좀 열어줘,
我要进来。wǒ yào jìnlái.	내가 들어갈 거야.
不开不开不能开, Bù kāi bù kāi bù néng kāi,	안 열어요, 안 열어요, 열어서는 안 돼요,
妈妈没回来, māma méi huílái,	엄마가 아직 돌아오지 않았어요,
你是大灰狼, nǐ shì dà huīláng,	당신은 늑대니까
不让你进来。bú ràng nǐ jìnlái.	들어오게 하지 않을 거예요.

2. 제시된 단어를 다음 문장의 알맞은 위치에 넣으세요.

1) ① 我们 ② 吃 ③ 的 ④ 多少钱?　　[一共]
2) ① 我 ② 找 ③ 好工作 ④ 。　　　　[能]
3) ① 汉语 ② 有 ③ 意思 ④ 啊!　　　[多]
4) 你 ① 看 ② 一 ③ 看 ④ 知道。　　[就]

3. 다음 문장이 맞으면 ○, 틀리면 ×를 표시하세요.

1) 我去散一散步。 (　　)　　2) 便宜是便宜,不过太好了。(　　)
3) 你一共有多少钱? (　　)　　4) 你妹妹多有可爱!　　　　(　　)

4. 다음 문장을 해석하세요.

1) 学习汉语多有意思啊!　　▶ _____
2) 明天你能来吗?　　　　　▶ _____
3) 这件衣服多少钱?　　　　▶ _____
4) 这个菜有点儿贵。　　　　▶ _____

W10-02

1. 녹음을 듣고 올바른 발음을 고르세요.

1) ① dǎzhé   ② dāzhe
2) ① huànyǐng   ② huānyíng
3) ① shìchǎng   ② shícháng
4) ① yìgōng   ② yígòng

2. 녹음을 듣고 주어진 단어의 올바른 발음을 고르세요.

1) 斤   ① jīn   ② jín   ③ jǐn   ④ jìn
2) 尝   ① chāng   ② cháng   ③ chǎng   ④ chàng
3) 毛   ① māo   ② máo   ③ mǎo   ④ mào
4) 觉得   ① juēde   ② juéde   ③ juěde   ④ juède

3. 녹음을 듣고 알맞은 대답을 보기에서 고르세요.

① 不好意思，不打折。　② 好的，找您两块。
③ 又好吃又新鲜。　　　④ 两块钱一斤。

1) (　)　2) (　)　3) (　)　4) (　)

4. 녹음을 듣고 다음 빈칸에 알맞은 단어를 쓰세요.

1) 便宜是便宜，不过有点儿 _____ 。
2) 问问老师就 _____ 。
3) 这些苹果多 _____ 啊！
4) 我 _____ 找好工作。

memo